Lesekurs Deutsch

Eine Einführung in die Texterschließung

Von

Peter F. Hajny und Horst Wirbelauer

Lehrerhandreichungen

LANGENSCHEIDT

BERLIN · MÜNCHEN · WIEN · ZÜRICH
NEW YORK

Druck: 5. 4. 3. 2. | Letzte Zahlen
Jahr: 87 86 | maßgeblich

© 1983 Langenscheidt KG, Berlin und München

Nach dem Urheberrechtsgesetz vom 9. September 1965 i. d. F. vom 10. November 1972
ist die Vervielfältigung oder Übertragung urheberrechtlich geschützter Werke
also auch der Texte, Illustrationen und Graphiken dieses Buches
– mit Ausnahme der in §§ 53, 54 URG ausdrücklich genannten Sonderfälle –,
nicht gestattet.

Druck: Druckhaus Langenscheidt, Berlin
Printed in Germany · ISBN 3-468-49890-X

Vorwort

Liebe Kollegin, lieber Kollege,

das vorliegende Material zur Entwicklung des Lesens bei Anfängern entstand im Ausland, an einem der vielen Goethe-Institute, in denen man sich bemüht, deutsche Sprache und Kultur zu vermitteln. Es wurde von Praktikern für die Praxis zur Befriedigung eines Bedürfnisses ihrer Schüler erarbeitet.

Wir haben vielen zu danken. Zuerst Martin Löschmann, dessen Dissertation vor Jahren den Anstoß gab zu den ersten Versuchen und Überlegungen, sowie den vielen anderen, die sich mit dem Problem des Lesens in der Fremdsprache beschäftigten. Wir wollen außerdem und vor allem unseren Mitarbeitern und Kollegen am Goethe-Institut Rom danken, die sich kritisch mit dem Material auseinandergesetzt haben. Nicht zuletzt aber danken wir unseren Schülern, die durch ihre Diskussion und Stellungnahme viel zur endgültigen Gestaltung beigetragen haben.

Dieses Material entstand neben der normalen Unterrichtsarbeit, im Urlaub, an Wochenenden und Feierabenden. Unseren Familien möchten wir dafür danken, daß sie das so lange ertragen haben.

Diese Lehrerhandreichungen sind keine wissenschaftliche Untersuchung zum Lesen, sie versuchen vielmehr kurz zu skizzieren, von welchen Überlegungen wir ausgegangen sind, was unser Ziel ist und mit welchen Mitteln wir dieses Ziel zu erreichen trachten. Über die methodischen Hinweise versuchen wir, eine mögliche Unterrichtsgestaltung vorzuschlagen und zur Diskussion zu stellen.

Wir wünschen Ihnen allen viel Erfolg bei der Arbeit.

Die Autoren

Inhalt

1	Kurzinformationen	7
1.1	Ein Lesekurs für Anfänger - Vorüberlegungen	7
1.2	Lesen in der Fremdsprache	8
1.3	Zielgruppen	10
1.4	Verwendung und Art des Einsatzes	11
1.4.1	In Kursen zur Entwicklung der Lesefertigkeit	11
1.4.2	In Zusatzkursen zur Entwicklung der Lesefertigkeit	11
1.4.3	In Globalkursen der Grundstufe I und II (Anfänger 1. und 2. Jahr) als integriertes Zusatzmaterial zur Entwicklung der Lesefertigkeit	12
1.4.4	Unterrichtssprache	12
1.4.5	Klassenstärke	12
1.4.6	Technische Ausstattung	12
2	Übersicht über den Aufbau des Lehrwerks und die Gliederung der Kapitel	13
2.1	Das Lehrwerk	13
2.2	Die Kapitel	13
3	Die Teile des Lehrwerks und ihre Funktionen	15
3.1	Zur Auswahl der Themen und Texte	15
3.1.1	Die Themen	15
3.1.2	Die Texte	16
3.2	Erklärungen und Übungen zur Lesetechnik	17
3.2.1	Erwartungshaltung und Hypothesenbildung	18
3.2.2	Die Erschließung unbekannter Wörter ohne/mit Wörterbuch	19
3.2.3	Die Anwendung verschiedener Leseformen und ihre Kombination	20
3.3	Erklärungen und Übungen zur Wortbildung	23
3.4	Erklärungen und Übungen zur Grammatik	25
3.5	Die Kontrollphase	26
4	Methodische Hinweise - Schema der Arbeitsschritte	29
5	Didaktisch-methodische Einführung in den Unterricht anhand von Kapitel 1	31

1 Kurzinformationen

1.1 Ein Lesekurs für Anfänger – Vorüberlegungen

Der Stellenwert des Lesens im Fremdsprachenunterricht hat sich in den letzten zwanzig Jahren mehrfach verschoben.

Die grammatikalisierende Übersetzungsmethode arbeitete zwar mit Texten, aber die Beschäftigung damit erschöpfte sich im Lernen von Grammatik, Lexik, dem lauten Vorlesen und der obligatorischen Übersetzung.

Die audiovisuellen/audiolingualen Methoden orientierten sich am "Primat des Mündlichen"[1] und gaben dem Sprechtraining in der ersten Phase des Fremdsprachenerwerbs den absoluten Vorrang. Die Verbannung des Lesens aus dem Unterricht und der Texte aus den Lehrbüchern für Anfänger war die Folge. Wurde gelesen, dann in einer Form, die mit dem Leseverhalten in der Muttersprache nichts zu tun hatte und die dem Lerner keine Hilfsmittel in die Hand gab, später selbständig zu lesen, da Lesen gleichgesetzt wurde mit dem Lernen von Wörtern und Strukturen. Das unbekannte Wortmaterial wurde dem Lerner vorgegeben, er hörte es in einer Phase des Hörverstehens mehrfach gesprochen, er sprach die neuen Wörter selbst nach, machte Übungen zu den neuen formal-grammatischen Phänomenen, und dann wurde gelesen, meist laut vorgelesen.

Im kommunikativen Fremdsprachenunterricht hat das Lernziel Lesen wieder eine stärkere Beachtung gefunden. Man kann sogar "im Fremdsprachenunterricht mit kommunikativer Zielsetzung von einem 'Primat der Verstehensleistung' sprechen."[2] Die wichtigsten Ursachen dafür sind kurz folgende:

- Neuere Untersuchungen über das Sprach- und Kommunikationsverhalten in der Muttersprache zeigten, daß eine neue Gewichtung der Fertigkeiten auch und besonders im Fremdsprachenunterricht notwendig ist. Der Lesefertigkeit kommt eine viel größere Bedeutung zu, als man bisher annahm.[3]

- Bei einer Analyse der "Bedürfnisse der Lerner bezüglich des Verwendungswerts der fremden Sprache in den Rollen gegenwärtigen und künftigen Sprachgebrauchs" kommt "der Rolle des Medienbenutzers unter pragmatischen Gesichtspunkten"[4] der höchste Verwendungswert zu. Die meisten Lerner werden nach Beendigung des Lernprozesses Deutsch vor allem lesend verwenden. Nicht zufällig ist dieser Kurs sowie die meisten fachspezifischen Lesekurse im Ausland entstanden.

- Nicht so sehr interaktives, partnerbezogenes Sprechen ist für den Lerner und Sprachbenutzer im Ausland (sowie in der Klassensituation) wichtig, als vielmehr diskursives Sprechen, d.h. das Sprechen über bestimmte Themen und Sachverhalte. Diesem "Sprechen über etwas" geht aber normalerweise "eine Verstehensphase voraus", d.h. eine Phase der Informationsaufnahme.[5]

- Lesen ist die wichtigste - im Ausland oft die einzige - Möglichkeit, Informationen über die Länder, deren Sprache man lernt, zu erwerben.

- Zu den Faktoren der Lehr- und Lernsituation, wie sie besonders im Ausland gegeben sind und die für eine schnelle Entwicklung des Lesens sprechen, gehören:
  a) die extensive Form des Unterrichts mit langen Pausen zwischen den einzelnen Unterrichtsstunden und die zwei- bis dreimonatige Sommerpause, die es ermöglichen, einen großen Teil der Lesearbeit aus dem Unterrichtsgeschehen auszulagern;
  b) die von der Ausgangssprache her homogene Zielgruppe, die eine zweisprachige Unterrichtsmethode erlaubt. Eine Zielgruppe, in der alle Lerner über eine gemeinsame Mittlersprache (z.B. Englisch) verfügen, wäre damit vergleichbar;
  c) die fehlende deutschsprachige Umgebung, die eine Anwendung der erworbenen Fremdsprache außerhalb der Klasse und damit verbundene Erfolgserlebnisse fast nur im Bereich des Lesens zuläßt;
  d) die von der Ausgangskultur her homogene Zielgruppe, die Voraussagen über mögliche Verständnisschwierigkeiten, die auf unterschiedliche "cultural patterns" zurückzuführen sind, erlaubt.

1.2 Lesen in der Fremdsprache

Lesen ist Kommunikation,[6] eine kommunikative Handlung zwischen einem Autor und einem Leser, die das Zeichensystem der geschriebenen Sprache zur Weitergabe der Information voraussetzt. So, wie der Autor mit seinem Text Absichten verfolgt, etwas erreichen will, hat auch der Leser Kommunikationsabsichten. Über den Leseprozeß versucht er, den Autor zu verstehen, seine Gedanken zu rekonstruieren, dem Text Information zu entnehmen. Im Gegensatz zur mündlichen Kommunikation, die durch die Anwesenheit der Teilnehmer am Kommunikationsakt gekennzeichnet ist, findet sowohl das Formulieren der Mitteilung von seiten des Autors als auch ihre Entschlüsselung durch den Leser in einer monologischen Situation[7] statt. Auf die verschiedenen Verständnishilfen, wie sie im gesprochenen Interaktionsprozeß üblich sind (Gestik, Mimik, Nachfragen, Bitten um Wiederholung, Erklärungen usw.), können sie also nicht zurückgreifen.

Notwendige Voraussetzungen für das Zustandekommen der angestrebten Kommunikation, die wir auch bei der Entwicklung der fremdsprachlichen Lesekompetenz beachten müssen, sind kurz folgende[8]:

- Der Autor muß die Motivation, das Interesse und die Bedürfnisse des Lesers richtig einschätzen, anderenfalls wird der Leser nicht bereit sein, seinen Ausführungen zu folgen.
- Der Autor muß entscheiden, welchen Bildungsstand, welche Lebenserfahrung, welche Ausbildung, welchen Grad an Vorwissen er beim Leser voraussetzen kann oder will. Es kommt nur dann zu einem Verständnis, wenn diese Annahmen der Realität des Lesers entsprechen, d.h. wenn der Leser in der Lage ist, die aufgenommene Information in seinen Erfahrungs- und Wissensschatz einzuordnen.
- Der Autor und der Leser müssen über ein gemeinsames Regelsystem für die Kommunikation mit graphischen Zeichen verfügen, d.h. über eine linguistische Kompetenz im Bereich von Lexik und Grammatik.
- Beide müssen Kenntnisse über den Textaufbau und die Textgestaltung verschiedener Textsorten haben, denn jede "Verstehensleistung vollzieht sich anhand ganz spezifischer Textsorten. Die richtige Voreinschätzung der diskursiven Strukturen (Informationsanordnung und -abfolge) erleichtert den Verstehensprozeß ganz erheblich"[9].
- So, wie der Autor Strategien braucht, um seine Informationen, Gedanken, Meinungen usw. so anzuordnen, daß er seine Absicht auch erreicht, braucht der Leser Strategien, die es ihm ermöglichen, seine Intentionen über das Lesen zu realisieren.

Unter Lesen als Lernziel verstehen wir "das unmittelbar verstehende Lesen in der Fremdsprache, d.h. das stille Lesen, das bei völliger Entwicklung ohne bewußte Analyse und ohne Übersetzung zum Verständnis des Textes führt"[10]; ein Lesen, "bei dem der Leser die Informationen den sprachlichen Zeichen direkt entnimmt, ohne sich bewußt Rechenschaft über deren syntaktische Verknüpfung zu geben. Der Verstehensprozeß wird also in erster Linie semantisch gesteuert"[11]. Der Leser versucht, "sprachliche Phänomene von ihrer Bedeutung her einzuordnen, nicht von ihren strukturellen Bezügen"[12]. Über das Verständnis der Schlüsselwörter, d.h. der Wörter, die die zentrale inhaltliche Information eines Textes tragen, und die Herstellung eines sinnvollen Bezuges zwischen diesen Wörtern über die Signalwörter, d.h. die Wörter, die "das syntaktische Gefüge des Textes"[13] konstituieren, kommt er zu einem ersten Verständnis des Textes. Dieser Lese- und Verstehensprozeß geht still vor sich. Das analytische Lesen als bewußtes Erkennen der Beziehungen zwischen den formalsprachlichen Elementen setzt erst dann ein, wenn sich die Textstelle dem Verständnis entzieht.
Der Schüler soll lernen,

- Texte in der Fremdsprache über eine Standortbestimmung des Textes (Angaben zum Autor, Quellenangaben, Klappentext, Titel, Unter-

titel, außersprachliches Begleitmaterial u.a.) bewußt auszuwählen;
- die möglichen Absichten, mit denen der Text geschrieben wurde, zu identifizieren und auf der Grundlage des gegebenen sprachlichen und außersprachlichen Kontextes eine klare Erwartungshaltung und Voreinstellung dem Text gegenüber aufzubauen;[14]
- sich sein Vorwissen und seine Vorinformation bewußt zu machen;
- eine Hypothese in bezug auf die zu erwartende Information aufzubauen;
- nicht einzelne Wörter verstehen zu wollen, sondern "möglichst umfangreiche Ganzheiten (Syntagmen, Sätze, Gedankenabschnitte) zu erfassen"[15];
- auf Grund des erreichten Teilverständnisses "laufend sprachliche und sachliche Informationen zu ergänzen"[16];
- über die Signalwörter Zusammenhänge zwischen den einzelnen Inhalten herzustellen und den Aufbau des Textes zu erkennen;
- die vor dem Lesen aufgestellte Hypothese über den Inhalt laufend mit den aufgenommenen Informationen zu vergleichen und gegebenenfalls zu revidieren;
- unbekanntes Wortmaterial über Analogismen, den Kontext oder über Wortbildungsregularitäten zu erschließen;[17]
- unbekanntes Wortmaterial mit Hilfe eines Wörterbuchs zu verstehen;
- die Leseform der jeweiligen Leseabsicht, den Eigenschaften des Textes und den individuellen Möglichkeiten und Motivationen anzupassen; dazu gehört:[18]

   a) sich schnell in einem Text zu orientieren (orientierendes Lesen);
   b) einem Text einzelne Informationen zu entnehmen (selegierendes Lesen);
   c) das inhaltlich Wesentliche eines Textes zu erfassen (kursorisches Lesen);
   d) einen Text in seinem vollen Umfang zu verstehen (totales Lesen);
   d) die verschiedenen Leseformen zu kombinieren;
- die aufgenommenen Informationen zu gliedern, sie in den persönlichen Erfahrungsbereich einzuordnen und auf ihren Gehalt hin zu überprüfen.[19]

1.3 Zielgruppen

Dieser Lesekurs dient der Entwicklung der Lesefertigkeit

- für Erwachsene ohne Vorkenntnisse im Bereich des Deutschen; die Altersgruppe, die wir mit "Erwachsener" umschreiben, beginnt um das 16./17. Lebensjahr;
- für eine nach Ausgangssprache homogene Zielgruppe; da Deutsch aber eine typische zweite Fremdsprache ist - drei von vier

Deutschlernern haben schon eine Fremdsprache, in der Regel
Englisch, gelernt - ist der Einsatz in nach Ausgangssprachen
nicht homogenen Lernergruppen über die Mittlersprache Englisch
möglich;
- für Lerner aus dem Bereich der höheren Schulen bzw. Universitäten sowie für Lerner mit entsprechender Vorbildung und solche,
die durch ihren Beruf und ihr Interesse stark motiviert sind.

Es werden damit die prozentual größten Gruppen der Lerner-Zielgruppen in Deutschkursen für Erwachsene im Ausland und auch im
Inland angesprochen.

1.4 Verwendung und Art des Einsatzes

Das Lehrwerk ist gedacht für Schulen, Colleges und Universitäten,
Goethe-Institute und Erwachsenenbildungseinrichtungen aller Art
im Ausland sowie für vergleichbare Bildungseinrichtungen im
deutschsprachigen Raum. Das Lehrwerk ist in dreifacher Weise einsetzbar:

1.4.1 In Kursen zur Entwicklung der Lesefertigkeit

Der Kurs hat eine Dauer von etwa 120 Unterrichtseinheiten (UE) zu
je 45 Minuten, wenn mit einer individuellen Arbeit der Lerner
außerhalb des Unterrichts nicht gerechnet werden kann. Das bedeutet für die Praxis eine Programmierung von zweimal wöchentlich
zwei UE - zirka 30 Arbeitswochen (= ein Unterrichtsjahr).

Der Kurs kann aber auch - bei maximaler Auslagerung der Lese- und
Übungstätigkeit der Lerner aus dem Kontaktunterricht - auf etwa
70/80 UE angelegt werden. Das bedeutet dann einmal wöchentlich
zwei bis drei UE - zirka 35 Arbeitswochen (= ein Unterrichtsjahr)
- oder eine intensive Planung von zweimal wöchentlich drei UE -
zirka 15 Arbeitswochen (= ein Semester).

1.4.2 In Zusatzkursen zur Entwicklung der Lesefertigkeit

Diese Kurse sind für die Lerner, die Lesefertigkeit schwerpunktmäßig neben den anderen Fertigkeiten entwickeln wollen.

Wenn man davon ausgeht, daß extensive Globalkurse im Normalfall
mit 50/60 UE zu 90 Minuten angesetzt werden, ergibt sich für den
zusätzlichen Lesekurs die optimale Programmierung auf 30 UE zu
90 Minuten.

Diese Angaben gehen davon aus, daß die Rolle des Medienbenutzers,
d.h. in unserem Fall des Lesers, durch "eine monologische Situation gekennzeichnet ist"[20]. Daher können und sollen die eigentliche Lesephase, die Übungsphase und die erste Kontrollphase aus
dem Unterricht ausgelagert werden. Die Arbeit im Kontaktunterricht

beschränkt sich auf die Vorbereitungsphase, die Erklärungsphase und die zweite Kontrollphase, die eine intensive Arbeit mit den Texten einschließt.

1.4.3 In Globalkursen der Grundstufe I und II (Anfänger 1. und 2. Jahr) als integriertes Zusatzmaterial zur Entwicklung der Lesefertigkeit

Für diese Form des Einsatzes ist es unmöglich, verbindliche Angaben über die Art und den Zeitpunkt des Einsatzes zu machen. Notwendige Vorüberlegungen wären:

- Genaue Bestimmung des Stellenwerts der einzelnen Fertigkeiten für die Zielgruppe in der gegebenen Unterrichtssituation.
- Entwicklung der Lesefertigkeit parallel zu den anderen Fertigkeiten innerhalb der Progression des Lehrbuches.
- Entwicklung der Lesefertigkeit mit besonderer Gewichtung.
- Lesen als Voraussetzung für diskursives Sprechen in der Zielsprache.

1.4.4 Unterrichtssprache

Die Unterrichtssprache ist bei einem Einsatz des Materials in speziellen Kursen bzw. in Zusatzkursen die Ausgangssprache, d.h. die Muttersprache der Lerner oder eine Mittlersprache.

Bei einem Einsatz als Zusatzmaterial in Globalkursen für Anfänger des 1. und 2. Jahres kann die Unterrichtssprache auch Deutsch sein, wenn die Entwicklung des Lesens parallel zu den anderen Fertigkeiten innerhalb der Progression des Grundlehrbuches erfolgt. In diesem Fall ist es möglich, in der Verarbeitungsphase der über das Lesen erworbenen Informationen das diskursive Sprechen in der Fremdsprache zu entwickeln.

1.4.5 Klassenstärke

Die Klassenstärke unterscheidet sich von der in Globalkursen. Nehmen wir für einen Kurs, dessen Programm aus intensivem Hör- und Sprechtraining besteht, eine ideale Lernerzahl von 14 - 16 Schülern an, dann kann in einem Lesekurs ohne Schwierigkeiten mit einer größeren Gruppe gearbeitet werden.

1.4.6 Technische Ausstattung

Eine technische Ausstattung ist für den Kurs nicht notwendig. Der Einsatz des Tageslichtprojektors (Overhead- oder Arbeitsprojektors) für Lesefilm, die analytischen Phasen, die Kontrollphasen und die Grammatikerklärungen zeigt Vorteile gegenüber der Benutzung der Tafel.

2 Übersicht über den Aufbau des Lehrwerks und die Gliederung der Kapitel

2.1 Das Lehrwerk

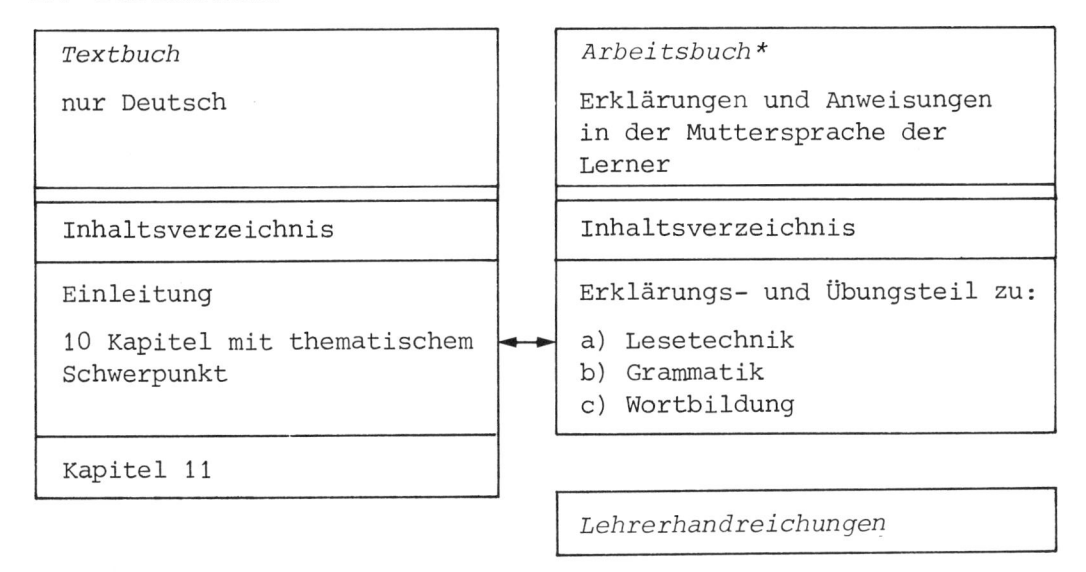

Textbuch	*Arbeitsbuch**
nur Deutsch	Erklärungen und Anweisungen in der Muttersprache der Lerner
Inhaltsverzeichnis	Inhaltsverzeichnis
Einleitung 10 Kapitel mit thematischem Schwerpunkt ⟷	Erklärungs- und Übungsteil zu: a) Lesetechnik b) Grammatik c) Wortbildung
Kapitel 11	
	Lehrerhandreichungen

2.2 Die Kapitel

Die einzelnen Kapitel sind folgendermaßen aufgebaut:

a) *Textbuch*

T0 Einführung in die Thematik;
T1,2 zwei obligatorische Basistexte;
T3 fakultativer Zusatztext;
T4 Wiederaufnahmetext zur Thematik vorangegangener Kapitel.

b) *Arbeitsbuch**

Den Texten im Textbuch sind die Erklärungs- und Übungsteile im Arbeitsbuch zugeordnet. Sie folgen keinem strengen Schema. Jedes Kapitel - die Ausnahme ist das Kapitel 11, das zum freien Lesen überleiten soll - hat aber Schwerpunkte im Bereich der Lesetechnik, Wortbildung und Grammatik und entsprechende Übungen dazu sowie inhaltliche Übungen zu den entsprechenden Texten im Textbuch.

Jedem Kapitel geht eine detaillierte Gliederung voraus (s. S. 14). Diese Gliederung soll es dem Lehrer und dem Lerner ermöglichen, sich ein genaues Bild vom Inhalt und den verschiedenen Schwerpunkten innerhalb des Kapitels zu machen. Der Aufbau der Gliederung zeigt auch eine mögliche Anordnung der Arbeitsschritte auf.

---

* Alle Hinweise auf das *Arbeitsbuch* beziehen sich auf das *Workbook* bzw. auf das *Supplemento*.

Die Abfolge ist durch die Verweise im Text- bzw. Arbeitsbuch angedeutet. Sie soll in erster Linie dem Lerner, der nicht am Unterricht teilgenommen hat, die Aufarbeitung des Versäumten erleichtern. Daneben könnte sie dazu dienen, dem Lehrer Hinweise für die Aufbereitung des Materials für den Unterricht zu geben. Der Lehrer sollte sich aber dadurch in keiner Weise gegängelt fühlen. Die Materialien dieses Lehrwerks sind so angelegt, daß es möglich ist, auf die unterschiedlichsten Adressatengruppen mit ihren jeweiligen Bedürfnissen, ihrem Vorwissen und ihren Lerngewohnheiten einzugehen.

Kapitel 3

Textbuch

Seite
29 **T 0 Deutsche Landschaften und Sehenswürdigkeiten**

30 **T 1 Deutschland als Reiseland – Informationen und Fakten**

32 *Übungen*

33 **T 2 Naturschutz, Umweltschutz, Lebensqualität**

34 *Übungen*

35 *Übungen*

36 **T 3 Vaterland? Mutterland!** von Luise Rinser

37 **T 4 Diäten**

Arbeitsbuch

Seite
39 T   Was ist „typisch deutsch"?
39 Ü   zu T1 – Test

40 G 6 Der deutsche Satz (1) – Hauptsatz
41 Ü   zu G 6 und L 4/5

42 G 7 Der deutsche Satz (2) – Nebensatz
42 L 7 Analytisches Lesen
43 Ü   zu G 7 und L 7
43 Ü   zu T 2 und L
44 Ü   zu W 2

45 W 3 Das zusammengesetzte Substantiv (2)
46 Ü   zu W 3
48 Ü   zu L 4/5
49 Ü   zu T
49 G 8 Die Präpositionen
50 Ü   zu G 8

3 Die Teile des Lehrwerks und ihre Funktionen

3.1 Zur Auswahl der Themen und Texte

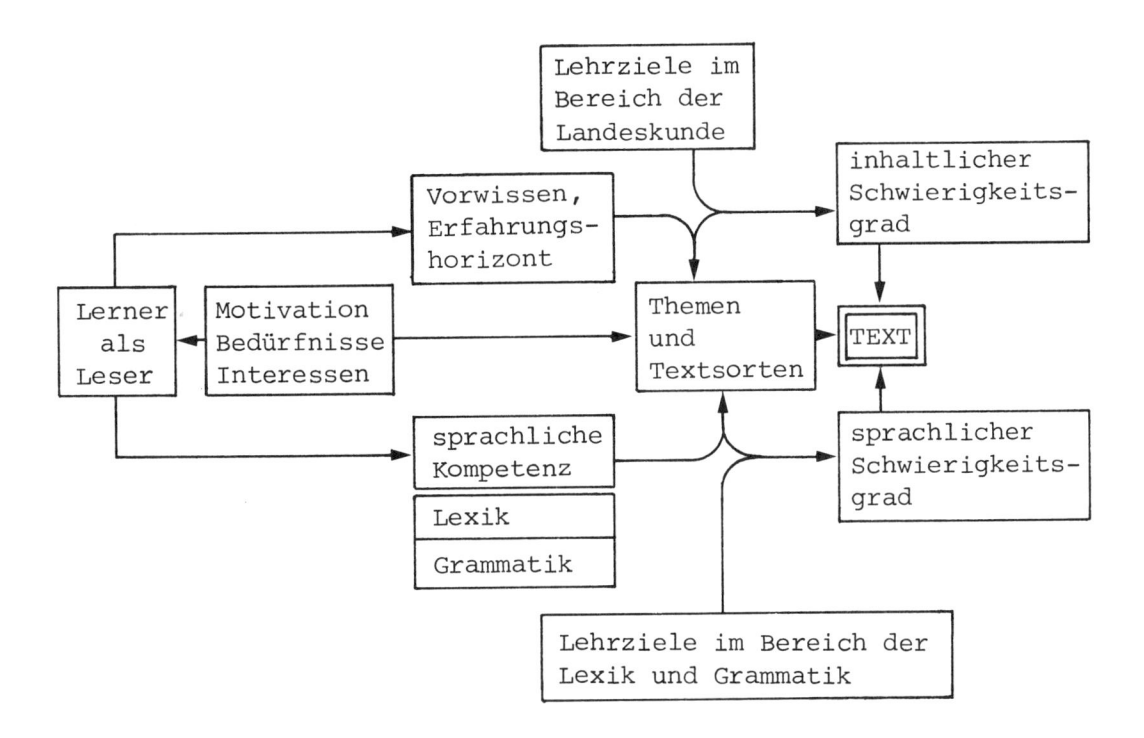

3.1.1 Die Themen

Bei der Auswahl der Themen wurde versucht, folgenden Punkten Rechnung zu tragen:

- Der Befriedigung der Neugier der Lerner, etwas über das Land, dessen Sprache sie lernen, seine Bewohner, ihr Verhalten, ihre Lebensformen und Probleme, sowie über ihre kulturellen Leistungen zu erfahren. Trotzdem ist zu erwarten, daß nicht alle Themen alle Lerner gleich stark ansprechen werden. Es bleibt dann dem Geschick des Lehrers überlassen, Interessen zu wecken und mangelnde Motivation zu stimulieren.

- Dem zu erwartenden Informationsstand und Erfahrungshorizont der Zielgruppe, um das Verständnis und die Verarbeitung der Inhalte zu sichern. Da größere Lernergruppen keineswegs immer einen gleichartigen Informationsstand haben, muß der Lehrer während der Arbeit mit T0 und der Vorarbeiten zu T1 das Vorwissen zum Thema mobilisieren und es dort, wo es nicht ausreicht, ergänzen.

Ebenso muß er in einer Phase der Verarbeitung der Inhalte dem Lerner die Möglichkeit geben, die aufgenommenen Informationen zu vergleichen, darüber zu diskutieren und sie in seine Erfahrungen einzuordnen.

- Den Lehrzielen im Bereich der Landeskunde:
  a) Beitrag zur Verbesserung des Informationsstandes;
  b) Korrektur eines zu einseitigen und oft klischeehaften Deutschlandbildes und Anstoß zum Abbau von Vorurteilen;
  c) Möglichkeit, die "anderen" mit sich selbst zu vergleichen.[21]

Das soll erreicht werden über die Illustration einiger "von der Sozialgeographie definierter Grunddaseinsfunktionen menschlichen Lebens"[22] (Schule, Beruf, Arbeit, Essen und Trinken, Wohnen, Verkehr) bzw. durch die Darstellung allgemeiner, den Lernern aus ihrer eigenen Kultur bekannter Probleme in ihrer Ausprägung in der Bundesrepublik Deutschland (Rollenverhalten, Droge, Werbung, Umweltverschmutzung u.a.).

Die Abfolge der Themen orientiert sich am Schwierigkeitsgrad der angebotenen Inhalte für den Lerner. Während er für die Inhalte der ersten Abschnitte eine große Vorinformation mitbringt, was ihm den Zugang zu den Texten erleichtert und die Verstehensleistung und Verarbeitung fördert, werden die Inhalte späterer Abschnitte immer unbekannter, wodurch der Schwierigkeitsgrad zunimmt.

- Den Lehrzielen im sprachlichen Bereich (vgl. 3.1.2).

3.1.2 Die Texte

Authentizität der Texte

Mit wenigen Ausnahmen handelt es sich um authentische Texte, die in den ersten Kapiteln manchmal leicht vereinfacht wurden. Dabei wurde versucht, das für die Textsorte typische Sprachregister nicht zu verfälschen.

Auch die bearbeiteten Texte entsprechen den Forderungen der in der Broschüre zur Zertifikatsprüfung der Volkshochschule und des Goethe-Instituts zitierten Definition von *authentisch*: Authentisch sind Texte dann, wenn sie von Muttersprachlern als typisch angesehen werden, wenn man also vermuten kann, daß sie einer authentischen Quelle entstammen könnten.[23]

Intention der Texte

Texte, deren Absichten und Ziele eindeutig sind und vom Lerner auch ohne große Schwierigkeiten erkannt werden können.

Art der Texte

Verschiedene Textsorten aus dem Bereich der sogenannten Gebrauchsliteratur, der populärwissenschaftlichen Literatur und der Literatur im engeren Sinn.

Aufbau und Gliederung der Texte

Es wurden solche Texte gewählt, deren Aufbau klar ist und deren Inhalte von der Informationsanordnung her leicht zu rekonstruieren und einander zuzuordnen sind. In den ersten Kapiteln häufen sich Texte, bei denen der Aufbau bereits aus der äußerlichen Anordnung der Inhalte ersichtlich ist.

Außersprachliche Zusatzinformationen zu den Texten

In den ersten Kapiteln wird dem Lerner der Zugang zu den Inhalten und ihre wahrscheinliche Anordnung im Text durch Graphiken, Statistiken, Bilder erleichtert.

Schwierigkeitsgrad der Texte innerhalb eines Kapitels

Im Bereich der Inhalte:
Der Grad der Schwierigkeit und der Neuheit der Inhalte nimmt von T1 über den T2 zum fakultativen Text zu.

Im formal-grammatischen Bereich:
Es wurde versucht, solche Texte zu finden, in denen soweit wie möglich textsortenspezifisch formal-grammatische Phänomene gehäuft auftreten (= grammatischer Schwerpunkt des Kapitels).

3.2 Erklärungen und Übungen zur Lesetechnik

Da die muttersprachliche Lesekompetenz der Zielgruppe voll entwickelt ist, stellen die Erklärungen zur Lesetechnik nichts anderes dar als die Bewußtmachung von in der Muttersprache weitgehend automatisiert ablaufenden Verhaltenskonzepten.[24]

Der Aktivierung dieser Konzepte in der Zielsprache wirken das Lern- und Leseverhalten in der Fremdsprache bzw. im Fremdsprachenunterricht sowie die mangelnde fremdsprachliche Kompetenz entgegen. Denn völlig unabhängig vom Leseziel und dem gegebenen Text zeigen die Lerner die ausgeprägte Tendenz, in der Sprachlernsituation nur eine Leseform zu praktizieren. Lesen bedeutet für sie, Wort für Wort zu verstehen und zu übersetzen, um so den Text möglichst vollständig zu rezipieren. Treten Schwierigkeiten auf, wird das Wörterbuch zu Rate gezogen.[25]

Es geht also darum, dem Lerner das Ziel des Lesens klarzumachen und ihm die notwendigen Strategien zur Erschließung von Texten an die Hand zu geben. Das ist oft nicht einfach, da es darum geht, alte, tief verwurzelte Lern- bzw. Lesegewohnheiten ab- und neue, teils sehr ungewohnte aufzubauen.

Die Erklärungen und Übungen zur Lesetechnik gruppieren sich um folgende Schwerpunkte:

- die Schaffung einer Erwartungshaltung dem Text gegenüber und die Bildung einer Hypothese in bezug auf die zu erwartende Information;
- die Erschließung unbekannter Wörter ohne/mit Wörterbuch;
- die Anwendung der verschiedenen Leseformen und ihre Kombination.

Dazu kommt noch:

- der Einsatz des analytischen Lesens als Mittlerfertigkeit;
- die Einführung in die maximale Ausnutzung der Wortbildungsregularitäten.

3.2.1 Erwartungshaltung und Hypothesenbildung

Vor der eigentlichen Lesephase durchläuft der Lerner - in Zusammenarbeit mit dem Lehrer - eine Phase der Vorarbeit.[26]

a) Aufbau einer generellen Erwartungshaltung dem Thema gegenüber

Jedes Kapitel beginnt mit dem T0. Es handelt sich dabei um eine graphische Darstellung, um Fotos und Reproduktionen bekannter, zum Thema passender Kunstwerke. Sie haben die Aufgabe, eine erste Einstimmung in die in den folgenden Texten behandelte Thematik zu ermöglichen und eine generelle Erwartungshaltung aufzubauen. Weiter sollen sie dem Lehrer Aufschlüsse über das bei der Lernergruppe vorhandene Interesse am Thema und den Grad und die Art von Vorwissen und Erfahrung geben.

Über die Arbeit mit T0.1 soll diese generelle Erwartungshaltung präzisiert und das vorhandene Vorwissen zur Thematik des Kapitels aktiviert werden. Oft kann während dieser Arbeit ein Teil des zentralen Wortschatzes (Schlüsselwörter) bzw. das formal-grammatische Phänomen des Kapitels eingeführt werden.[27]

b) Aufbau einer spezifischen Erwartungshaltung den Texten gegenüber durch:

- Standortbestimmung des Textes.

  Dieser Arbeit folgt die Vorarbeit zur Standortbestimmung der einzelnen Texte. Der Lerner soll über das Lesen der Quellenangaben zuerst einmal Klarheit gewinnen über die folgenden Fragen: Wer hat den Text geschrieben? (Wer ist/war das? - Wann lebt(e) sie/er? - Wo lebt(e) sie/er? - usw.
  Wann/wo entstand der Text?
  Wann und wo wurde er veröffentlicht?
  Von wem wurde er veröffentlicht?
  Mit welcher Absicht wurde er wohl geschrieben?

  Reichen die in den Quellenangaben und Kurzbiographien enthaltenen Informationen nicht aus, sollte der Lehrer sie im Unterricht ergänzen.

- Erschließen des Titels des Textes.
  Dazu gehört das Erschließen der Untertitel, auch solcher im Text.
- Erschließen der außersprachlichen Zusatzinformationen.
  Im ersten Teil des Lehrwerks sind den Texten sehr oft Fotos, graphische Darstellungen und Statistiken beigegeben, die vom Lerner bewußt als Informationsträger "gelesen" und für die Texterschließung eingesetzt werden sollen.

c) Hypothesenbildung zum Inhalt des Textes
In einem Gespräch zwischen Lehrer und Lernern werden Antworten auf folgende Fragen gesucht:

Was könnte das Thema, der Inhalt des Textes sein?
Welche Informationen kann man erwarten?
Welche Vorinformation(en) haben wir dazu?
Wie werden diese Inhalte wohl angeordnet sein?
Wie sind die Inhalte angeordnet? (Der Lehrer gibt ein Schema der Gliederung vor.)

3.2.2 Die Erschließung unbekannter Wörter ohne/mit Wörterbuch

Dieses Lehrwerk richtet sich an Nullanfänger, was bedeutet, daß der Wortschatz in der Zielsprache schrittweise aufgebaut und erweitert werden muß. Aber auch bei gut entwickelter Kompetenz wird der Lerner in deutschen Texten immer unbekannten Wörtern begegnen. Er muß also von Anfang an lernen, unbekanntes Wortmaterial rationell zu erschließen. Ein Schwerpunkt der Erklärungen und Übungen wie auch der Arbeit im Kontaktunterricht liegt daher auf der Entwicklung dieser Teilfertigkeit. Im besonderen wird die Ausnutzung folgender Erschließungshilfen geübt:[28]

- Erschließung unbekannter Wörter über Analogismen zur Mutter- bzw. einer ersten Fremdsprache (Englisch; dazu: AB S. 6 ff.);
- Erschließung unbekannter Wörter aus dem Kontext (dazu: AB S.37ff.)
- Erschließung unbekannter Wörter über Regelmäßigkeiten in der Wortbildung (s. Wortbildung);
- Kombination der verschiedenen Erschließungsmöglichkeiten (dazu: AB S. 57 ff.)

Dazu kommt noch der rationelle und "richtige" Einsatz des Wörterbuches in den Fällen, in denen eine Erschließung des unbekannten Wortes nicht möglich ist (dazu: AB S. 9).

Diese Erschließungshilfen müssen während des ganzen Kurses sowohl im Kontaktunterricht als auch beim Lesen zu Hause bewußt angewandt werden. Eine Vielzahl von Übungen soll den Lerner dahin führen, nie die verschiedenen Möglichkeiten der Bedeutungserschließung zu vergessen.

3.2.3 Die Anwendung verschiedener Leseformen und ihre Kombination

Wie in der Bestimmung der zum verstehenden, stillen Lesen gehörenden Teilfertigkeiten angeführt, muß der Lerner - analog zu seinem Leseverhalten in der Muttersprache - dahin geführt werden, die verschiedenen Leseformen richtig einzusetzen und zu kombinieren. Wir unterscheiden vier Formen des Lesens:[29]

- das orientierende Lesen;
- das selegierende Lesen;
- das kursorische Lesen;
- das totale Lesen.

Zur Erklärung der Leseformen vgl. AB S. 62. Ergänzend läßt sich zu den einzelnen Leseformen folgendes sagen:

Orientierendes Lesen

Der Leser versucht, "einen ersten allgemeinen Überblick über den Text zu gewinnen"[30]. Mögliche Fragen:
Welchen Gegenstand/welche Problematik behandelt der Text?
Welche Punkte der Thematik behandelt er?
Behandelt der Text das, was wir auf Grund der Vorarbeit erwarten?

Beim orientierenden Lesen wird versucht, den Text oder Textteile als Ganzheit zu erfassen. Besonders zielt es auf das Verstehen von Schlüsselwörtern, -wortgruppen oder -sätzen.[31] Das Ziel ist, die Erwartung, die in der Vorbereitungsphase geschaffen wurde, zu präzisieren.

Diese Leseform ist besonders im ersten Teil des Kurses mit Hilfe des Lehrers zu üben. Sie kann in die Phase der Vorarbeit am Text, nach der Arbeit am Titel, Untertitel, Aufbau usw. einfließen oder dieser Phase folgen.

Vom Methodischen her hilft diese Leseform, das "Wort-für-Wort-Lesen" abzubauen und die Fertigkeit zu entwickeln, "Informationen auf Grund weniger rezipierter sprachlicher Zeichen laufend zu ergänzen"[32].

Selegierendes Lesen

Der Leser versucht, eine ganz bestimmte, punktuelle Information im Text zu suchen.[33] Mögliche Fragen:

Gezielte Fragen zu einzelnen Informationen. Die Antwort darauf wird dann im Text gesucht. Das können Zahlenangaben, Fakten, Sachverhalte, Meinungen u.a. sein.

Für den Einsatzort und den methodischen Wert gilt das oben Gesagte. Für beide Leseformen ist die Zeitkomponente wichtig, d.h. die Lerner müssen versuchen, die gestellten Aufgaben in einer vom Lehrer vorgegebenen Zeit zu bewältigen. Da verschiedene Faktoren auf die Festsetzung dieser Zeit einwirken, ist sie im Lehrwerk nicht angegeben.

Kursorisches Lesen

Der Leser versucht, die relevanten Informationen des Textes zu verstehen. Das Nebensächliche, Detailinformationen usw. interessieren nicht. Ja, sie müssen manchmal - besonders am Beginn des Kurses - ungeklärt bleiben, weil die sprachliche Kompetenz der Lerner dazu noch nicht ausreicht.
Die Frage, die sich der Leser stellen "muß, ist *Was ist wichtig und wesentlich im Text?*. Es genügt nicht mehr, nur bestimmte Schlüsselwörter oder Schlüsselwortgruppen, weitgehend losgelöst von ihrer grammatischen Einbettung, aufzunehmen, sondern es wird versucht, die Hauptinformationen des ganzen Textes in angemessener Zeit zu erfassen."[34] Die für die Erschließung notwendigen formalsprachlichen Formen müssen verstanden werden. Ebenso müssen die unbekannten Wörter erschlossen werden, soweit es für das Verständnis der Hauptinformation notwendig ist. Für das Verständnis unwichtige Wörter werden bei dieser Leseform - wenn ihre Unwichtigkeit aus dem Kontext erkennbar ist - "überlesen".[35]
Diese Leseform hat praktisch gesehen einen noch viel größeren Wert als die beiden oben genannten. Man praktiziert sie täglich an vielen Textsorten, ganz besonders bei der Lektüre der Zeitung. Die "Schwierigkeit für den Lerner liegt darin, in der Fremdsprache das Wesentliche vom Unwesentlichen"[36] zu unterscheiden. Er braucht also die Hilfestellung durch den Lehrer oder Aufgaben und Fragen, die ihn auf die relevanten Inhalte hinweisen.[37] Der methodische Wert dieser Leseform liegt im unmittelbaren Erfassen von Inhalten. Sie führt den Lerner zum rationellen Lesen und ermöglicht ihm ein großes Erfolgserlebnis.[38]
Als Arbeitsform ist - soweit vorhanden - der Einsatz eines Tageslichtprojektors zu empfehlen, der es erlaubt, den Text für eine gewisse Zeit zu belichten und zu bewegen. Auch die Arbeit in kleinen Arbeitsgruppen oder in Partnerarbeit ist in dieser, wie in allen anderen Übungsphasen, sehr sinnvoll, da die Diskussion über den Text dem Lerner die Möglichkeit gibt, Unklarheiten zu beseitigen, seine Meinungen zu revidieren oder zu präzisieren und etwaige Unsicherheiten leichter zu überwinden.

Totales Lesen

Der Leser versucht, den Textinhalt vollständig und in allen Details zu verstehen und die Absichten des Autors differenziert zu erfassen. Bei der Anwendung dieser Leseform sind keine psychologischen Hemmungen auf seiten der Lerner zu überwinden, da ihre Lesehaltung in der Fremdsprache zum totalen Lesen tendiert.[39]
Die meisten Texte in diesem Lehrwerk werden in der zweiten Lese- und Arbeitsphase am Text so durchgearbeitet, daß einem totalen

Lesen nichts mehr im Wege steht. Besteht beim Lerner jedoch kein Interesse, den einen oder den anderen Text total zu lesen, sollte er nicht dazu gezwungen werden.

Kombination der Leseformen

So, wie beim kompetenten Leser die verschiedenen Leseformen stufenlos ineinander übergehen, nach- oder nebeneinander und demselben Text gegenüber eingesetzt und geändert werden, wenn es der Textinhalt, seine Form oder die Einstellung und Intention des Lesers dem Text gegenüber notwendig machen, so muß auch der Lerner schrittweise dahin gebracht werden, die einzelnen Leseformen zu kombinieren. Als Beispiel sei die Arbeit mit dem ersten Basistext (T1) aus Kapitel 4 angeführt.

1. Vorarbeit an den Statistiken und Graphiken.
   Ü: Lesen Sie zuerst die Statistik, die Graphiken und die Untertitel.

   Diese Arbeit soll den Lerner mit den einzelnen Themen dieses Textes bekannt machen und ihm erlauben, sein Vorwissen zu mobilisieren. Er ist danach in der Lage, eine Hypothese über die in den einzelnen Teilen zu erwartende Information aufzustellen. Weiter kann er von den Graphiken und Statistiken auf den wahrscheinlichen Aufbau der Texte schließen.
   Während der Arbeit, die mit einer Erschließung der unbekannten Wörter verbunden ist, lernt er die Bedeutung der Schlüsselwörter.

2. Orientierendes Lesen + Verständniskontrolle.
   Ü: Überfliegen Sie den Text und schreiben Sie die Untertitel an die richtige Stelle.

   Die Lerner lesen die einzelnen Kurztexte orientierend. Die richtige Zuordnung der Untertitel zeigt dem Lehrer, ob sie die Hauptinformation verstanden haben.

3. Lesen von Fragen im Arbeitsbuch S. 53 und selegierendes Lesen.
   Ü: Sie sind an folgendem Zahlenmaterial über die Bundesrepublik Deutschland interessiert. Suchen Sie es im Text und notieren Sie es hier.
   Entscheiden Sie zuerst, in welchem Teil des Textes Sie das Zahlenmaterial suchen wollen.

   Die Arbeit erfolgt in zwei Phasen. Zuerst lesen die Lerner die Fragen und entscheiden auf Grund des bisher erreichten Verständnisses, in welchem Textteil die Antworten wohl stehen werden. Dann suchen sie die Antworten auf die Fragen, indem sie den Text bzw. die einzelnen Kurztexte, für die sie sich entschieden haben, selegierend lesen. Sie notieren dabei die Antworten im Arbeitsbuch.

4. Kursorisches Lesen der einzelnen Textteile und Unterstreichung der zentralen Information + Erschließung unbekannter Wörter. Falls die Lerner an diesem Punkt nicht mehr daran interessiert sind, das Verständnis zu vertiefen, kann die Arbeit hier abgebrochen werden.

5. Vorbereitung zum totalen Lesen mit Übungen im Arbeitsbuch S. 54 f.

6. Totales Lesen.

7. Kontrollphase.
   Ü: Schreiben Sie eine kurze Zusammenfassung zu einzelnen Themen dieses Textes in Ihrer Muttersprache.

8. Phase der Verarbeitung der Inhalte.
   Ü: Vergleichen Sie diese Informationen mit der Situation in Ihrem Land. Was ist gleich? - Was ist anders?

3.3 Erklärungen und Übungen zur Wortbildung

Eine zentrale Rolle beim Erschließen unbekannter Wörter kommt der Kenntnis und Anwendung von Wortbildungsregularitäten zu. Viele Komposita und Derivate wird der Lerner vergeblich im Wörterbuch suchen, und selbst wenn er sie finden könnte, wäre es unökonomisch. Er muß also lernen, solche Wörter zu analysieren und ihre Bedeutung aus der der Konstituenten zu erschließen, oder falls das nicht möglich ist, einzelne Konstituenten im Wörterbuch nachzuschlagen. Er muß wichtige Affixe als solche zuerst einmal erkennen lernen und sich dann ihre Bedeutung und Funktion, soweit sie eindeutig ist, einprägen.

Die Arbeit an der Wortbildung setzt in den ersten Stunden mit der Erklärung der Komposition - und zwar für das zusammengesetzte Substantiv - ein. Der Erklärung folgt - wie auch später für andere Phänomene der Wortbildung - eine Reihe von Übungen:

- Übungen anhand der Texte des Abschnitts;
- besondere Übungen zum behandelten Phänomen der Wortbildung (z.B.: Unterstreichen Sie das Grundwort in folgenden Komposita.);

- Kombinierte Übungsformen.
  Diese Übungsformen sind Teile des verstehenden Lesens authentischer Texte, in denen das behandelte Phänomen gehäuft auftritt. Sie führen aus der speziellen Übungsphase in die angewandte über. Zum Beispiel: Arbeitsmittel für den Deutschunterricht (vgl. AB S. 26).

Nach der ersten Lesephase in definierten Leserrollen mit präzisen Absichten folgt die Übungsphase zu den Komposita. Diese Phase - nach der ersten Erklärungsphase zum zusammengesetzten Substantiv - ist hier notwendig, weil viele der im Text vorkommenden Wörter erst über eine genaue Analyse verständlich werden.

In der Folge müssen die Lerner beim Lesen aller Texte immer wieder auf die Möglichkeit und Notwendigkeit dieser Erschließungshilfe hingewiesen werden. In späteren Kapiteln folgen dann weitere Übungen zu diesem Phänomen der Wortbildung (z.B.: Analysieren Sie die folgenden Wörter und versuchen Sie, ihre Bedeutung aus der der Konstituenten zu erschließen. Kontrollieren Sie dann, ob die gewonnene Bedeutung im Kontext sinnvoll ist.).
Ähnlich ist das Vorgehen für andere Formen der Komposition und Derivation. Der Lehrer muß sich dessen bewußt sein, daß hier ein Schwerpunkt seiner Arbeit im Kontaktunterricht liegt. Er muß:

- die Lerner immer wieder auf diese Erschließungshilfen aufmerksam machen;
- sie an den in den Texten vorkommenden unbekannten Wörtern beispielhaft vorführen oder vom einzelnen Lerner ausführen lassen;
- zum gegebenen Zeitpunkt Beispiele zur Wiederholung bereit haben (vgl. dazu auch die Zusammenfassungen der Komposition und Derivation im Arbeitsbuch).

Zur Form der möglichen graphischen Darstellung seien einige Beispiele angeführt:

Hauptschul//abschluß

Haupt//schule + *Ab/schluß* | ab | - *schließen*

| Haupt | + *Schule*   *Schluß*   *schließen*

vgl. *Hauptstadt*   (An diesem Punkt nicht weiter auf
   Hauptstraße   die Funktion von *ab-* eingehen.)
   Hauptpost
   Hauptarbeit
   Hauptberuf
   u.a.

Umwelt//verschmutzung   Im selben Text findet der Lerner:
                                  Verschmutzung, Luftverschmutzung,
Um/welt + *Verschmutz* - | ung | *Wasserverschmutzung; Verschmutzung*
                                  deutscher Flüsse und Küsten, Ver-
verschmutz-en   *schmutzung des Rheins.*

| ver | - *schmutz*   Man könnte hier erstmals näher
          Schmutz   auf die Funktion des Suffixes

Substantiv	Verb
Zeichnung	.....
Einleitung	.....
Wiederholung	.....
Anordnung	.....
Übersetzung	.....
Berufsausbildung	.....
Reduzierung	.....
Füllung u.a.	.....

-ung eingehen. Die Lerner haben schon in den vorangegangenen Texten Derivate mit *-ung* gefunden; das Phänomen als solches ist also bekannt (vgl. AB 6, S. 82 ff. - Das abgeleitete Substantiv).

Es wäre dagegen verfrüht, auf die Funktion des Präfixes *ver-* einzugehen, da die Lerner nicht genug Beispiele haben. Es genügt der Hinweis, daß *ver-* ein wichtiges und häufiges Präfix ist.

Entwicklungsfähig - boxed: *keit*

entwicklung/s/ - boxed: *fähig*

Entwickl - boxed: *ung*

entwickel - *n*

3.4 Erklärungen und Übungen zur Grammatik

Im Bereich der Grammatik soll der Lerner dahin geführt werden, ein formal-grammatisches Phänomen
a) als solches zu erkennen;
b) sich mit den daraus resultierenden Konsequenzen im morphologischen und syntaktischen Bereich vertraut zu machen;
c) seine Funktion durchschauen zu lernen.
Ein Beispiel:
Der Lerner trifft im Text auf *werden* und lernt es klassifizieren als:
1. Vollverb;
2. Hilfsverb.
Wenn *werden* als Vollverb gebraucht ist, lernt er seine lexikalische Bedeutung; ist es als Hilfsverb gebraucht, muß er erkennen, ob es mit einem Infinitiv oder mit dem Partizip Perfekt steht.
In beiden Fällen findet er
a) Kongruenz von Subjekt und *werden*,
b) Abhängigkeit der übrigen Satzglieder vom zweiten Prädikatsteil (Prädikat 2);
c) den verbalen Satzrahmen (Prädikat 1 - Prädikat 2).

Zu *werden* + Infinitiv muß er lernen:
- Vermutung;
- Absicht;
- Zukunft.

Zu *werden* + Partizip Perfekt muß er lernen, daß es sich dabei ums Passiv handelt:
- Zeitformen;
- Passiv + Modalverben;
- Funktion des Passivs;
- Passiv ohne Subjekt;
- Nennung des "Täters";
- Ersatzformen.

Die Grammatik wird schwerpunktartig und in großen Blöcken durch die Texte vermittelt und geübt, soweit es möglich war an Textsorten, in denen das Auftreten des formal-grammatischen Phänomens typisch ist. Wie im Bereich der Lexik wird der Lerner jedoch von Anfang an mit einer Vielzahl formal-grammatischer Phänomene konfrontiert, ohne daß er sie völlig durchschauen kann, da er sie vor ihrer Behandlung im Grammatikteil antrifft. In diesen Fällen hat er folgende Möglichkeiten:

a) Das Phänomen wird - wenn es für das Verstehen nicht relevant ist - "überlesen".
Z.B. TB 1, S. 20: *Er (wird) ..... (geboren).*

b) Das formal-grammatische Phänomen wird über den Kontext und/oder die Ähnlichkeit zur Muttersprache erschlossen, ohne daß näher darauf eingegangen wird.
Z.B. TB 2, S. 26: Die Formen des Perfekts:
Ich habe es aber gesehen.

c) Es ist für das Verständnis relevant und wird, da der Kontext nicht eindeutig ist, im Kontaktunterricht kurz erklärt, ohne daß es in seinem ganzen Ausmaß behandelt wird.
Z.B. TB 3, S. 30, 31: Die Formen des Superlativs:
Die längste gemeinsame Grenze ...
..... der höchste Berg .....

Die Arbeit im Bereich der Grammatik erfolgt im allgemeinen in folgenden Schritten:

1. Erklärung des formal-grammatischen Phänomens unter Benutzung der Grammatik-Teile im Arbeitsbuch;
Beispiele aus den Texten des Kapitels;
Vergleich mit der Muttersprache.

2. Übungen: a) Wiedererkennen des Phänomens in Übungssätzen;
b) Wiedererkennen im Text (2. Lesen);
c) Übungen an Zusatztexten im Arbeitsbuch.

3. Wiederholung und Rückverweise bei allen folgenden Texten.

3.5 Die Kontrollphase

Gegenstand der Kontrolle ist in erster Linie das Textverständnis. Es ist immer "in Abhängigkeit vom Leseziel, vom Text, von der Leseart, vom Grad der Sprachbeherrschung usw."[40] zu sehen.

Gegen Ende der Arbeit mit diesem Lehrwerk kann der Lehrer versuchen, auch die Lesegeschwindigkeit als Kontrollgröße zu beachten. Im Anfangsstadium ist es wichtiger, daß jeder Lerner die Möglichkeit hat, den Leserhythmus in der Fremdsprache selbst zu bestimmen.

Zuletzt bleibt noch die Kontrolle der Korrektheit des Erfassens sprachlicher Phänomene aus dem formal-grammatischen und lexikalischen Bereich.[41]

Die Aufgabe der Kontrollphase ist es, dem Lerner und auch dem Lehrer möglichst schnell und klar über den Lese- und Übungseffekt, d.h. über das erreichte Verständnis, Auskunft zu geben sowie den Lerner dazu anzuhalten, das Ergebnis am Text zu überprüfen[42], was oft eine nochmalige Beschäftigung mit dem Text mit sich bringt.
Die Kontrolleinheiten sind immer zugleich Übungseinheiten, die das Lesen ständig begleiten und Teil der Lesearbeit sind, "denn Lesen nachprüfbar üben und kontrollieren fällt zusammen"[43].
Die Kontrollaufgaben sind fast ausschließlich sprachlicher Natur. Verwendet werden sowohl solche in der Mutter- oder Mittlersprache als auch solche in der Zielsprache Deutsch.

Das übersetzungsarme oder übersetzungslose Lesen als Lernziel vor Augen, darf das Übersetzen keine zentrale Stellung bei der Kontrolle haben.[44] Das heißt nun aber nicht, daß die Kontrolle des Verständnisses in der Muttersprache ausgeschlossen werden soll. Es geht nur darum, sie im Lernprozeß an der richtigen Stelle anzusiedeln und die bestmögliche Form zu finden, um beim Lerner den falschen Schluß zu vermeiden, das Verstehen eines Textes sei gleichzusetzen mit der Fähigkeit, ihn möglichst gut in die Muttersprache übersetzen zu können.

Die Kontrollverfahren in der Muttersprache sind in der zweiten Kontrollphase angesiedelt, die ihren Platz im Kontaktunterricht hat. Als mögliche Verfahren sehen wir folgende:

- Beantwortung von gezielten Fragen zu einzelnen Inhalten;
- Zusammenfassung von Texten oder Textteilen;
- Wiedergabe von wesentlichen Inhalten;
- sinngemäße Übertragung von Textabschnitten in die Muttersprache;
- muttersprachlich auszuführende Exzerpier- oder Gliederungsübungen;
- Notieren von Stichpunkten in der Muttersprache;
- das diskursive Sprechen über die Inhalte im Vergleich zum Heimatland, kritische Stellungnahme zu den gelesenen Inhalten u.a.

Diese Kontrollverfahren sind im Lehrwerk nur angedeutet und bleiben dem Lehrer überlassen.

Bei den Kontrollverfahren in der Zielsprache handelt es sich vor allem um rezeptive Verfahren und Formen, die darauf basieren, "vorgegebene sprachliche Äußerungen, die sich auf einen Text beziehen, zu erkennen, und ihre Adäquatheit oder Inadäquatheit im Vergleich mit dem Text zu beurteilen"[49]. Die wichtigsten Formen sind:

- *Ist das richtig?* - Ja/Nein $\pm$ Korrektur
  Steht das im Text? - Steht das so im Text?;

- Multiple-choice - Antworten;
- Zuordnung von Überschriften (Titeln, Untertiteln) zu Textabschnitten;
- inhaltliche Gliederungen von Texten;
- Unterstreichen der zentralen Inhalte;
- Textvergleiche und Feststellung der Unterschiede;
- Zuordnung von Kurzfassungen zu Texten;
- Anwendung der verstandenen Inhalte zur Lösung von Aufgaben.

Beim Einsatz des Lehrwerkes als Zusatzmaterial in Globalkursen ergibt sich eine Vielzahl von reproduktiven oder produktiven Verfahren und Formen, die dann von der Kontrollphase in eine Arbeitsphase überleiten. Ein Großteil der Kontrollverfahren in der Muttersprache wäre dann in der Zielsprache Deutsch durchführbar.

4 Methodische Hinweise – Schema der Arbeitsschritte

Diese Hinweise sollen nichts anderes als Vorschläge für einen möglichen Ablauf der Arbeit mit diesem Lehrwerk sein. Die eigentliche Arbeit der Aufbereitung und Organisation des Materials bleibt dem Lehrer überlassen, der in der spezifischen Unterrichtssituation – seine Schüler, ihre Interessen und Vorbildung, ihre Lerngewohnheiten, ihre Lerngeschwindigkeit und ihren Einsatz vor Augen – immer wieder von neuem entscheiden muß, wie er vorgehen will.

Arbeitsform	Art der Arbeit	Material
Plenum – Kontaktunterricht	1. *Vorbereitende Arbeiten* – Hinführung zum Thema – Aufbau einer generellen Erwartungshaltung und zusätzliche Motivierung – Einführung der zentralen Lexik	T0 bzw. außersprachliche Informationen zu T1/T2
	2. *Standortbestimmung des Textes* – Autor (Angaben zum Autor) – Erscheinungsort, -zeit – Titel des Werkes/der Quelle – Adressat des Textes	Quellenangaben, Kurzbiographien, Einführungstexte, Lehrerinformation
	3. *Vorarbeiten* – Erschließen des Titels – Erschließen der Untertitel (Gliederung des Textes) – außersprachliche Zusatzinformation (Bilder, Graphiken, Statistiken) – Aufstellung einer Hypothese über den zu erwartenden Inhalt – Bewußtmachung der Vorinformation zu der zu erwartenden Information – Fragen an den Text	Titel, Untertitel, Bilder, Graphiken, Statistiken
Individuelle Arbeit, Arbeitsgruppe oder Partnerarbeit Kontaktunterricht	4. *Erstes Lesen des Textes* – orientierendes und/oder selegierendes Lesen	Text

Arbeitsform	Art der Arbeit	Material
Individuelle Arbeit - zu Hause	5. *Zweites Lesen* - eigentliche inhalterschließende Lesephase (kursorisches Lesen) - Anwendung der schon gelernten Erschließungshilfen - Verständnis der bekannten Grammatik - Kontrollphase 1 - Übungsphase 1	Text
Plenum Kontaktunterricht	6. *Drittes Lesen* - Klärung der Probleme bei der Hausarbeit - Erklärung der neuen Grammatik - Erklärungen zur Lesetechnik (Bei Texten mit unbekannter Grammatik, die für das Verständnis notwendig ist, wird dieser Arbeitsschritt vorgezogen.) - Kontrollphase 2	Text Erklärungs- und Arbeitsblätter im Arbeitsbuch
Plenum Kontaktunterricht Individuelle Arbeit - zu Hause	7. *Nacharbeit* - Stellungnahme zum Inhalt/Text - Kritik - Lesen von Parallel- oder Zusatztexten - Übungsphase 2	Texte und Arbeitsblätter im Arbeitsbuch

5 Didaktisch-methodische Einführung in den Unterricht anhand von Kapitel 1

Schon das Inhaltsverzeichnis gibt relativ klare Auskünfte über das Thema und die Schwerpunkte des Kapitels (vgl. TB, S. 3 f.), sowie über eine mögliche Abfolge der einzelnen Lernschritte (vgl. TB, S. 7). Diese Angaben sollen nun aber den Lehrer nicht dazu verführen, alles und immer in der angegebenen Reihenfolge "durchzumachen".

Bei der Vorbereitung jeden Kapitels sollten folgende Gesichtspunkte zum Tragen kommen. Wir fragen uns:

1. Interessiert das Thema meine Lerner, oder muß ich sie erst dafür motivieren?

2. Ist den Lernern das Thema und seine Problematik bekannt? Wieviel Vorwissen zum Thema und zu den Inhalten der Texte haben sie? Welche Informationen brauchen sie vor der Lektüre? Was sind die Lernziele im Bereich der Landeskunde?

   Das Thema des 1. Kapitels ist das Schulwesen in der Bundesrepublik Deutschland und die Textsorten *Lebenslauf* und *Anzeige*.

   Die Lerner sind im allgemeinen daran interessiert, etwas über das Bildungswesen in der Bundesrepublik Deutschland zu erfahren. Es bedarf daher bei Kapitel 1 gewöhnlich keiner besonderen Motivierung durch den Lehrer. Die Lerner bringen als Vorwissen zum Thema ihre persönliche Erfahrung mit der Schule in ihrem Heimatland mit. Auch die Textsorten, ihr Aufbau und ihre Inhalte sind dem Lerner aus persönlichen Erfahrungen bekannt.

3. Welche Schwerpunkte gibt es in diesem Kapitel, und zwar im Bereich der Lesetechnik, der Wortbildung, der Grammatik? Werden meine Lerner damit Schwierigkeiten haben?
   Die Schwerpunkte in diesem Kapitel liegen im Bereich der Lesetechnik und der Wortbildung.

   a) *Lesetechnik* (AB 1/L4 auf S. 24 f.)
   Diese kurzen Bemerkungen zur Lesetechnik haben - wie alle Anmerkungen zur Lesetechnik - die Aufgabe, dem Lerner für den Fall, daß er nicht am Unterricht teilnehmen konnte, das Nachlernen zu ermöglichen oder ihn in Ruhe das im Unterricht Besprochene und Geübte nochmals überdenken zu lassen. Der Lehrer soll die hier gestrafft dargebotene Information bei der Arbeit im Unterricht ausführlich besprechen und bei der Textarbeit vorführen.

   b) *Wortbildung* (AB 1/W2 auf S. 21)
   Hier gilt das, was schon zur Lesetechnik gesagt wurde. Den Lernern ist das Phänomen des zusammengesetzten Substantivs nicht mehr neu, da sie bereits in der Einleitung darauf ge-

stoßen sind. Hier geht es nun um eine zusammenhängende Erklärung des Phänomens, das für die Erschließung unbekannter Wörter von großer Wichtigkeit ist und das im Verlauf des Kurses beim Lesen aller Texte angewendet und geübt werden muß.

4. Welche Teile des Materials sind absolut notwendig, um die Lernziele des Kapitels zu erreichen? Welche kann ich in eine spätere Phase des Unterrichts verschieben?

Wie schon ausgeführt wurde, sind T0, T1 und T2 obligatorisch und können nicht weggelassen werden, ohne die Progression zu stören. T3, gekennzeichnet als fakultativer Text, und T4, gekennzeichnet als Wiederaufnahmetext der vorangegangenen Thematik, können in eine spätere Phase des Kurses verlagert werden. Das bedeutet natürlich eine Erleichterung der Lesearbeit für den Lerner und damit eine Beschleunigung des Rhythmus.

Auch bei den Parallel-, Variations- und Zusatztexten im Arbeitsbuch ist zu entscheiden, ob sie während der Behandlung des Kapitels oder zu einem späteren Zeitpunkt eingesetzt werden.

5. Wieviel individuelle Arbeit außerhalb der Klasse kann ich von meiner Lernergruppe verlangen, ohne sie zu überfordern? Was läßt sich aus der eigentlichen Unterrichtsarbeit auslagern? Was kann ich dem Selbststudium überlassen?

Die im folgenden vorgeschlagenen Auslagerungen bei der Arbeit mit Kapitel 1 entsprechen denen, die in einer durchschnittlich motivierten Klasse möglich sind.

Jetzt soll versucht werden, anhand von Kapitel 1 praktisch zu zeigen, wie die Arbeit mit den einzelnen Teilen des Lehrwerks aussehen könnte.

Das Schulwesen in der Bundesrepublik Deutschland: TB 1, T0, S. 17

Lernziele

- Allgemeine Information zum Schulwesen in der Bundesrepublik Deutschland;
- Vorbereitung der zentralen Lexik (Schlüsselwörter) von T1/T2;
- Erschließung von zusammengesetzten Substantiven über die Wortanalyse;
- Ausnutzung der außersprachlichen Information (Graphik).

Arbeitsform

Arbeit im Plenum (+ Overheadprojektor)

Arbeitsschritt 1: Vorarbeiten und Standortbestimmung des Textes

Die Lerner sehen sich das Blatt an und versuchen zu verstehen, was es beinhaltet. Sie erkennen, daß es sich um eine graphische Darstellung handelt. Sie verstehen einzelne Wörter (*Universität, Gymnasium, Kindergarten* u.a.) über Analogismen in ihrer Muttersprache oder einer Fremdsprache. Sie stellen fest, daß das Wort *Schule* sehr häufig und in den verschiedensten Verbindungen vorkommt. Die meisten Lerner verstehen es über ihre Muttersprache oder über das Englische. Daraus und über den Aufbau der Graphik schließen sie, daß es sich um eine Darstellung des Schulwesens in der Bundesrepublik Deutschland handelt.

Wenn es nötig ist, lenken wir ihre Aufmerksamkeit auf die oben genannten Punkte: Worum handelt es sich bei diesem Text? - Welche Wörter verstehen Sie über Ihre Muttersprache? - Welches Wort kommt sehr oft vor?

Die Lerner versuchen jetzt, den Arbeitstitel, den Originaltitel und die Quellenangaben möglichst genau zu erschließen.
Beispiel:

"Das Schulwesen in der Bundesrepublik Deutschland"

Zuerst machen sie den Versuch einer Bedeutungserschließung über den Kontext der Graphik, dann folgt eine Wortanalyse.

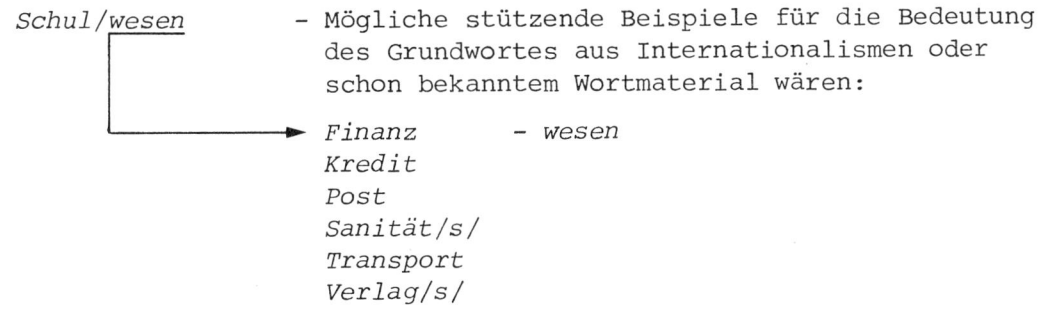

Schul/wesen — Mögliche stützende Beispiele für die Bedeutung des Grundwortes aus Internationalismen oder schon bekanntem Wortmaterial wären:

Finanz - *wesen*
Kredit
Post
Sanität/s/
Transport
Verlag/s/

Erklärung der Bedeutung von *-wesen* in sehr vielen Zusammensetzungen.

Die Lerner notieren an diesem Punkt die Bedeutung des Wortes in ihrem nach individuellen Lerngewohnheiten angelegten Wörterheft. Der Lehrer sollte grundsätzlich darauf hinwirken, daß Übersetzungen einzelner Wörter nicht im Text selbst notiert werden.

Arbeitsschritt 2: Erklärungs- und kognitive Lernphase zum zusammengesetzten Substantiv und Arbeit mit dem Text

In diesem Arbeitsschritt erarbeiten wir das, was der Lerner im Arbeitsbuch in kurzer Form zusammengefaßt findet (vgl. AB 1/W2, S. 21).

Die Lerner haben in der ersten Arbeitsphase das häufige Auftreten des Wortes *Schule* festgestellt. Sie unterstreichen jetzt alle Wörter, in denen es vorkommt. Wir stellen fest, daß es immer am Ende steht (Ausnahme: *Schulwesen* im Titel).

..... + *schule* (= Grundwort)

Wir stellen weiter fest, daß wir links vom Grundwort die verschiedensten Wörter finden. Da es klar ist, daß es sich immer um Schultypen handeln muß, ist auch die Funktion dieser Wörter klar: Nähere Bestimmung des Grundwortes.

Bestimmungswort + *Grundwort*

Wie bei der Erschließung der Titel versuchen wir zuerst, die Bedeutung der zusammengesetzten Substantive aus dem Kontext zu erschließen. Dazu wird nach Angaben der Lerner der Aufbau des Schulwesens im Heimatland kurz an der Tafel skizziert. Dann versuchen wir festzustellen, welcher dieser Schultypen den deutschen entsprechen könnte. Danach gehen wir zur Wortanalyse über.

Beispiel:

Grund/schule — Mögliche stützende Beispiele für die Bedeutung des Bestimmungswortes aus Internationalismen oder schon bekanntem Wortmaterial wären:

Grund + *farbe*
form
frage
kapital
kurs
prinzip
problem
regel

Erkennen und Erklären der Bedeutung von *Grund-* in vielen Zusammensetzungen.

Haupt/schule — *Haupt* + *arbeit*
figur
frage
grund
inhalt
person
punkt
regel
werk

aber: *Hauptstadt*

Erkennen und Erklären der Bedeutung von *Haupt-* in vielen Zusammensetzungen

Real/schule — Keine Hilfe für die Erschließung; erklären, was für ein Schultyp das ist.

Ähnlich verfahren wir mit der Reihe: *Fach/schule, Fach/ober/schule, Fach/hoch/schule* und *Beruf/s/schule, Beruf/s/fach/schule* usw. Die Bedeutungserschließung über die Komposition muß verbunden sein mit einer Erklärung zu den einzelnen Schultypen.

Die Erschließung der Erklärungen zu den Übergangsmöglichkeiten von einer Schule zur anderen vollzieht sich jetzt in zwei Arbeitsschritten:
1. Die Lerner, denen jetzt die verschiedenen Schultypen bekannt sind, erkennen zwei Grundwörter - *Abschluß* und *Reife*.
2. Sie schlagen sie im Wörterbuch nach und erschließen die Bedeutung der Komposita.

Arbeitsschritt 3: Zusammensetzungen aus verschiedenen Wortarten

AB 1/Ü zu W2 und T0, S. 21 f.

Diese Übungen sollten zu Hause gemacht werden. In der nächsten Unterrichtsstunde können wir kurz auf etwaige Probleme zu sprechen kommen.

AB 1/T0, S. 23: Das System - Schule und Ausbildung

Lernziele

Der Lerner beschäftigt sich mit einer doppelten Variante der Darstellung des Schulsystems:
a) andere Form der Graphik;
b) kurzer beschreibender Text.

Er soll lernen, sein Vorwissen bewußt einzusetzen, gleiche Textsorten mit leicht verändertem Inhalt, verschiedene Textsorten mit ähnlichem Inhalt zu lesen.

Arbeitsform

Wechsel von Arbeit im Plenum und in Arbeitsgruppen.

Arbeitsschritt 1 (vgl. S. 33 ff.)

Die Lerner lesen den Titel des Textes und der Graphik und stellen fest, wodurch sich der Inhalt von T0 unterscheidet. Sie lesen die Quellenangaben und erfahren, daß es sich um einen Text aus einer Zeitschrift für ausländische Deutschlerner handelt.

Jeder Lerner liest jetzt für sich die Graphik. Er hat an diesem Punkt keine Verständnisschwierigkeiten. Nach der individuellen Lektüre, die nicht zu lange dauern darf, arbeiten wir mit Hilfe gezielter Fragen die neue Information heraus (Schulkindergarten, Vorklasse usw.).

Arbeitsschritt 2

Die Lerner lesen paarweise oder in Arbeitsgruppen (3 - 4 Lerner) den beschreibenden Text mit den unterlegten Schlüsselwörtern. Wir bitten sie, sich nur auf die Schlüsselwörter zu konzentrieren und sie in einen sinnvollen Zusammenhang zu bringen. Nach der Lektüre machen sie die Übung 1 auf S. 24.

Arbeitsschritt 3

Wir lesen jetzt die ersten vier Absätze gemeinsam und versuchen, die Lücken zwischen den Schlüsselwörtern sinnvoll zu schließen. Wir gehen bei dieser Arbeit auf die Signalwörter *und, oder, entweder ..... oder, aber* und ihre Funktion ein. Die Lerner sollen bei dieser Arbeit merken, daß es möglich ist, über die Schlüssel- und Signalwörter Texte zu erschließen und zu verstehen, ohne jedes Wort zu verstehen.

Wir machen mit dem fünften Absatz weiter und steuern die Aufmerksamkeit der Lerner durch eine Frage: Versuchen wir zu verstehen, was das Schlüsselwort *Gesamtschule* bedeutet und was mit dieser Schule beabsichtigt ist.

Die Lerner lesen wieder paarweise oder in Arbeitsgruppen und machen die Übungen 2/1. und 2.

Analog arbeiten wir mit den beiden verbleibenden Absätzen. Wir gehen von Gruppe zu Gruppe und helfen, wo es notwendig ist. Dabei können wir feststellen, wo Schwierigkeiten auftreten. Im Anschluß daran diskutieren wir die Probleme und die Ergebnisse der Übung 2.

Arbeitsschritt 4

Kurze Diskussion in der Muttersprache der Lerner zum Schulwesen in der Bundesrepublik unter Benutzung der beiden Graphiken und Vergleich mit dem Bildungswesen im Heimatland (vgl. Ü 3 und 4 im AB 1, S. 24).

TB 1, T1, S. 18: Lebenslauf 1

Lernziele

- Erschließung von Inhalten auf Grund einer klaren Erwartung an den Text nach Hypothesenbildung auf Grund der Textsorte;
- da es sich bei einem Lebenslauf um eine chronologisch gegliederte Textsorte handelt, kommt es beim Lesen darauf an, die Zeitangaben (Signalwörter) sinnvoll mit den Fakten (Schlüsselwörtern - fast ausschließlich Nomen) zu kombinieren;
- Worterschließung über Analogismen, Kontext, Wortbildungsregularität im Bereich des zusammengesetzten Substantivs.

Arbeitsform

Wechsel von Arbeit im Plenum (+ Overheadprojektor) und Arbeitsgruppen.

Arbeitsschritt 1: Vorarbeiten und Standortbestimmung des Textes

- Lesen des Titels;
- Ansehen des Textes: "Wie ist der Text aufgebaut?";
- Hypothese zur Textsorte: "Was für ein Text ist das wohl?";
- Übersetzung des Titels (Wörterbuch);
- Hypothesenbildung zum zu erwartenden Inhalt: "Welche Informationen erwarten Sie? Was würden Sie in einen Lebenslauf schreiben?";
- Lesen der Angaben zur Lektüre.

Arbeitsschritt 2: Erstes, kursorisches Lesen

Wenn ein Overheadprojektor vorhanden ist, setzen wir ihn in dieser Phase ein. Wir decken einzelne Textteile so ab, daß dem Lerner nur eine Zeitangabe und die damit verbundenen Informationen sichtbar sind. Wir lassen die Teile nicht zu lange belichtet, um einem "Wort für Wort-Lesen" vorzubeugen. Anderenfalls lesen wir den Text so vor, daß der Zusammenhang zwischen Jahreszahlen und Information hervorgehoben wird. Die Lerner lesen leise mit. Nach jeder Sinneinheit machen wir eine kurze Pause und lassen den Lernern Zeit zur Kombination der Fakten. Wir beantworten in dieser Phase keine Fragen.

Arbeitsschritt 3: Kontrollphase 1 und Erschließung unbekannter Schlüsselwörter

Die Lerner beantworten Fragen zum Inhalt in der Muttersprache. Wir erschließen unbekannte Schlüsselwörter mit Hilfe des Wörterbuchs (*Handelsschule*) oder erklären ihre Bedeutung (*Volkshochschule*). Wir erklären die vorkommenden Abkürzungen. Wir entscheiden gemeinsam, welche Wörter wir nicht zu erschließen brauchen, weil sie über den Kontext klar sind (z.B. *Aufenthalt*, *geboren* usw.).

Arbeitsschritt 4: Zweites Lesen (vgl. Ü)

Die Lerner lesen den Lebenslauf paarweise oder einzeln noch einmal, aber jetzt in der Rolle eines möglichen Adressaten des Lebenslaufes (Personalchef), und unterstreichen die zentrale Information. Wir kontrollieren die Resultate mit Hilfe des Overheadprojektors oder indem wir die unterstrichenen Textteile vorlesen. Während dieser Arbeit diskutieren wir Abweichungen bei den Resultaten.

AB 1/Ü zu L4 S. 25: Lebenslauf

Lernziele

- Bewußtmachung der Notwendigkeit, nicht jedes Wort verstehen zu müssen/wollen, um einen Text zu verstehen. "Überlesen" von redundanten und für das Verständnis sekundären Textteilen.
- Schnelles, gezieltes Erschließen von Inhalten. (Die Erschließungsarbeit ist durch Orientierungsaufgaben gesteuert.)
- Erkennen der temporalen Präpositionen als Signale der zeitlichen Gliederung eines Textes.

Arbeitsform

Wechsel von Arbeit im Plenum und in Arbeitsgruppen.

Arbeitsschritt 1: Einführendes Gespräch

Wir erklären den formalen Unterschied zwischen diesem Text und dem Paralleltext im Textbuch und beschreiben die daraus erwachsenden Schwierigkeiten für das Verstehen. Dann führen wir anhand des Textes (Zeile 1 - 4) vor, wie wir inhalterschließend lesen, d.h. einzelne unbekannte Wörter überlesen (vgl. AB 1/L4, S. 25).

Arbeitsschritt 2: Erstes, selegierendes Lesen

Wir lesen zuerst gemeinsam die Aufgabenstellung fürs Lesen. Dann lesen die Lerner in Arbeitsgruppen oder paarweise den Text und unterstreichen die gewünschte Information.
Wir kontrollieren und besprechen die Ergebnisse der Arbeit.

Arbeitsschritt 3: Zweites Lesen

Die Lerner lesen den Text ein zweites Mal und entscheiden, welche der unbekannten Wörter für das Verständnis wichtig bzw. unwichtig sind (s. Übung 1). Jetzt besprechen wir, ob, und wenn ja, wie wir die für das Verständnis wichtigen Wörter erschließen können.
Da es auch darum geht, daß die Lerner temporal gebrauchte Präpositionen und ihre Bedeutung lernen, teilen wir die Wörter in zwei Gruppen.

Redakteur$_A$	*am* .....
"*Kölnische Rundschau*"	*von ... bis* .....
(= Name einer Zeitung)	*von ..... an.*
be/ende/te (vgl. Zeile 7)	*im Jahre* .....
in den beiden folgenden Jahren$_K$	*nach* .....
(über Zeitangabe in der Klammer)	*für ein* .....
nach Be/end/ig/ung (vgl. Z 11)	*seit* .....
Familie$_A$	
(*Frei/zeit*$_W$)	
Export$_A$/*abteilung*$_W$	

Arbeitsschritt 4: Kontrollphase (s. Übung 2)

Über das Lesen der Übungsaufgabe und die Entscheidung, die verlangt wird, soll der Lerner zeigen, ob er in der Lage ist, die erschlossene Information zu verarbeiten und zu gebrauchen.

AB 1/Ü zu W2 und L4, S. 26: Bücher zum Deutschlernen

Lernziele

- Inhalterschließendes Lesen mit klaren Leseabsichten in definierter Leserrolle;
- Erschließen von zusammengesetzten Substantiven über die Wortanalyse.

Arbeitsform

Plenum - individuelle Arbeit zu Hause - Plenum (Kontrolle).

Arbeitsschritt 1: Vorarbeiten und Standortbestimmung

- Lesen des Titels;
- Lesen der Quellenangaben;
- Orientierendes Lesen (mit dem Ziel, festzustellen, daß es sich um eine Reihe von Buchtiteln handelt).

Arbeitsschritt 2: Inhalterschließendes Lesen nach Angaben und Übungen

Die Lerner folgen bei der Hausarbeit den Angaben auf S. 26.

Arbeitsschritt 3: Kontrollphase

Wir lesen die Buchtitel mit den Lernern noch einmal schnell durch und besprechen Unklarheiten.

TB 1, T2, S. 18: Lebenslauf 2

Lernziele

Vgl. AB 1 - Lebenslauf auf S. 25.

Arbeitsform

Einzelarbeit zu Hause, Übungen und Kontrollphase.

Arbeitsschritt 1

Die Lerner sollen jetzt allein üben, was sie im Unterricht gelernt haben. Die Textsorte, ihr Aufbau, der zu erwartende Inhalt sind ihnen bekannt. Sie sollen zeigen, daß sie in der Lage sind, sich im Text zurechtzufinden und die zentrale Information erschließen zu können. Dazu dient Übung 1.

Die Kontrolle (Übung 2) soll zeigen, daß sie in der Lage sind, die aufgenommene Information richtig zu beurteilen. Die Anzeigen sind so ausgewählt, daß eine eindeutige Entscheidung nicht möglich ist:

Anzeige A: Frau Schirrmeister würde sich für diese Arbeit interessieren, aber in ihrem Lebenslauf steht nichts davon, daß sie englische Stenographie kann. Es ist also fraglich, ob die Firma sie nimmt.

Anzeige B: Die Firma, die diese Anzeige aufgegeben hat, wäre wohl an ihr interessiert, die angebotene Arbeit liegt aber unter der Qualifikation von Frau Schirrmeister.

Arbeitsschritt 2: Nacharbeit und Erklärungsphase im Plenum + Overheadprojektor

Während dieser Arbeit haben wir die Möglichkeit, die Schwierigkeiten, die unsere Lerner beim individuellen Lesen hatten, zu diskutieren und Unsicherheiten und Zweifel aus der Welt zu schaffen. Zu den zentralen Aufgaben an diesem Punkt des Kurses gehört es, dem Lerner zu zeigen, daß es nicht notwendig ist, jedes Wort zu erschließen, um einen Text zu verstehen, daß formalgrammatische Phänomene nicht völlig durchschaut werden müssen, daß Signalwörter oft über den Kontext erschließbar sind.

Wir projizieren den Text, in dem die zentralen Informationen, die einen Personalchef interessieren würden, unterstrichen sind, und die Lerner vergleichen mit ihren Unterstreichungen. Abweichungen besprechen und verbessern wir gemeinsam.

Eine andere Möglichkeit wäre, den narrativen Lebenslauf in einen tabellarischen umzuformen. Wir lesen den Text gemeinsam, notieren die Zeitangaben und vervollständigen sie mit Hilfe der unterstrichenen Textteile.

Beispiel:

am 6. März 1952	geb. in Köln
von 58 bis 62	Grundschule
62 bis 71	das humanistische Gymnasium
im Juni 71	Abitur

Bei dieser Arbeit zeigen wir,
a) wie wir neue Wörter, die eine zentrale Information beinhalten, erschließen, z.B.:

Abitur (Z9) - falls die Lerner sich nicht mehr daran erinnern, Hinweis auf AB 1, S. 23 .

heiratete (Z13) - Kontext der nachfolgenden Information + Kontrolle im Wörterbuch

Tochter (Z13) - *Silke* (= Name) / Analogismus zum Englischen /
    Kontext: *kam ... zur Welt* (vgl. Z5)
    Kontext: Z13

halb/tag/s (Z17) - Wortanalyse + Analogismen zum Englischen

Schreib/kraft (Z18) - Wortanalyse + Wörterbuch

b) wie wir wichtige Signalwörter, die den Text chronologisch strukturieren, erschließen, z.B.:
danach (Z8) - Kontext
zuerst ... und dann (Z8) - Kontext
wieder (Z20) - Kontext

c) daß wir formal-grammatische Phänomene "überlesen" können: Die Finalsätze sind hier nicht zu erklären (Z11 und 15). Der Lerner soll vielmehr die finale Beziehung zwischen den beschriebenen Sachverhalten aus dem Textzusammenhang erkennen.

d) daß es im Text viele Wörter gibt, die wir nicht zu verstehen brauchen, ohne daß das dem Textverständnis abträglich ist, z.B.:
Ich gab mein Studium vorübergehend auf. (Z14)

Obwohl jedem Lerner an diesem Punkt klar ist, was dieser Teil des Satzes beinhaltet, wird die Frage auftauchen:

"Was heißt *gab, vorübergehend, auf*?"

Wir beantworten diese Frage mit einer Gegenfrage:

"Ist der Inhalt dieses Satzes über die vorangegangene und folgende Information und das Schlüsselwort *Studium* nicht klar?"
"Brauchen Sie diese Wörter wirklich, um den Lebenslauf zu verstehen?"

Falls der Lerner nicht überzeugt ist, lassen wir ihn die drei Wörter im Wörterbuch nachschlagen und halten die Zeit fest, die er fürs Suchen braucht.
Das Resultat ist voraussehbar:

1. Er findet das Wort *gab* nicht.
2. Was er unter *auf* findet, hilft ihm nicht.
3. Die Übersetzung von *vorübergehend* macht ihm klar, daß es sich um eine sekundäre Information handelt.

An diesem Punkt sagen wir ihm, wie lange das Nachschlagen gedauert hat, und fragen ihn, ob sich seiner Meinung nach der Zeitaufwand gelohnt hat und ob über das Nachschlagen im Wörterbuch ein Informationszuwachs zustandegekommen ist.

AB 1/Ü zu T1 und T2, S. 27: Fragebogen

Anmerkungen

Der Fragebogen ist als vorläufiger Abschluß dieser Arbeitsphase gedacht, er kann aber auch zu einem späteren Zeitpunkt als Wiederholung erarbeitet werden.

Die Arbeit mit diesem Fragebogen soll zeigen, ob der Lerner die erworbenen Fertigkeiten rezeptiv-reproduktiv anwenden kann. Der Fragebogen gibt uns außerdem einige Aufschlüsse über die Lesegewohnheiten und Interessen der Lernergruppe. Sollten sich klare Schwerpunkte in einzelnen Bereichen abzeichnen, haben wir die Möglichkeit, zu einem späteren Zeitpunkt Zusatztexte zu diesem Interessengebiet anzubieten.

AB 1/Ü zu L4, S. 28: Anzeigen: Stellenangebote

Lernziel

Übung und Aktivierung des Gelernten anhand einer anderen Textsorte in einer "echten" Lesesituation.

Arbeitsform

Individuelle Arbeit außerhalb des Unterrichts oder in Arbeitsgruppen.

Anmerkungen

Dieser Text kann auch zu einem späteren Zeitpunkt als Wiederholung durchgenommen werden (z.B. Kapitel 4 - Die Deutschen bei der Arbeit).

AB 1/Ü, S. 28 f.: Zeitangaben

Lernziel

Lernen der Bedeutung wichtiger Zeitbestimmungen.

Arbeitsform

Individuelle Arbeit zu Hause, Kontrolle im Plenum.

TB 1, T3, S. 20: Kurzbiographie zum Leben Kafkas

Lernziele

Übergang zur Textsorte, zu deren Vorbereitung die Lebensläufe dienten. Im Laufe der Arbeit mit diesem Buch werden die Lerner immer wieder auf Biographien von Schriftstellern und Künstlern stoßen, die sie zu lesen und zu verstehen haben. Dieser Text bereitet sie darauf vor.

Arbeitsform

Individuelle Arbeit zu Hause - Kontrolle und Diskussion im Plenum.

Anmerkungen

Der Text ist - wie alle Texte mit der Nummer 3 - ein fakultativer Text. Er kann übersprungen werden, ohne daß die weitere Arbeit darunter leidet. Er könnte auch zu einem späteren Zeitpunkt gelesen werden.

Für Schüler der Oberstufe und Studenten, die den Namen Kafka schon einmal gehört oder etwas von ihm gelesen haben, ist der Text sicher motivierend, bei anderen Lernergruppen sollten wir ein paar Worte zur Bedeutung Kafkas und seiner Werke sagen.

Nach dieser kurzen Einführung sollen die Lerner versuchen, den Text ohne weitere Angaben zu verstehen. Wir können ihnen nur raten, den Text ohne Wörterbuch zu lesen.

In der folgenden Unterrichtsstunde besprechen wir dann die Schwierigkeiten, die die Lerner beim Lesen hatten. Es empfiehlt sich, einen Rundgang durch die Klasse zu machen und sich die Textbücher anzusehen. Viele Lerner werden sich Übersetzungen über verschiedene Wörter geschrieben haben, was für uns ein sicheres Zeichen ist, daß sie das Wörterbuch benutzt haben. Das Hauptgewicht der Arbeit mit dem Text muß also darauf liegen zu zeigen, daß es möglich ist, die gesamte Information über die verschiedenen schon gelernten und geübten Erschließungsmechanismen zu verstehen.

TB 1, T4, S. 20 immer schön in der Reihe bleiben

Anmerkung

Dieser Text ist - wie alle Texte mit der Nummer 4 - eine Wiederaufnahme der Thematik des vorangegangenen Kapitels.

Anmerkungen

1. Neuner, G., 'Lesen' und 'Verstehen' im Kommunikativen Fremdsprachenunterricht, in: Pariser Werkstattgespräche 1978, Leseverstehen im Fremdsprachenunterricht (Publikation des Goethe-Instituts), München 1980, S. 105
   vgl. Lado, R., Moderner Sprachunterricht, München 1967, S. 55 f.

2. Neuner, G., a.a.O., S. 105

3. vgl. Piepho, H.-E., Pragmalinguistische Grundlagen der Lernzielbestimmung für den Englischunterricht auf der Sekundarstufe I, in: Manfred Pelz (Hrsg.), Freiburger Beiträge zur Fremdsprachendidaktik, Berlin 1974, S. 117

4. Neuner, G., a.a.O., S. 103

5. Neuner, G., a.a.O., S. 104

6. vgl. Buhlmann, R., Das Lesen von Fachtexten, in: Lesen in der Fremdsprache, Beiträge eines Werkstattgesprächs des Goethe-Instituts New York und des ACTFL New York vom 25. bis 28.9.1979, (Publikation des Goethe-Instituts, München 1981, S. 57 f.
   vgl. Schwerdtfeger, I., Prolegomena für einen Paradigmawechsel in der Theorie und Praxis des Leseunterrichts L2, in: Lesen in der Fremdsprache, a.a.O., S. 260 - 263
   vgl. Widdowson, H.G., The Realisation of Rules in Written Discourse, in: Pariser Werkstattgespräche 1978, Leseverstehen im Fremdsprachenunterricht (Publikation des Goethe-Instituts), München 1980, S. 10

7. Neuner, G., a.a.O., S. 103

8. vgl. Buhlmann, R., a.a.O., S. 58
   Neuner, G., a.a.O., S. 108
   Widdowson, H.G., a.a.O., S. 21

9. Neuner, G., a.a.O., S. 104

10. Löschmann, M., Lautes und stilles Lesen, in: Deutsch als Fremdsprache, 5, 1967, S. 291
    Buhlmann, R., Zum gezielten Aufbau von Lesefertigkeit, Überlegungen und Erfahrungen, in: Beiträge zu den Fortbildungskursen 1976, S. 126
    vgl. Löschmann, M., Übungsmöglichkeiten und Übungen zur Entwicklung des stillen Lesens (1), in: Deutsch als Fremdsprache, 1, 1975, S. 26

11. Buhlmann, R., Das Lesen von Fachtexten, a.a.O., S. 65
    ebenso bei: Löschmann, M., Übungsmöglichkeiten und Übungen zur Entwicklung des stillen Lesens (1), a.a.O., S. 26

12. Neuner, G./Ortmann, W.-D./Schmidt, R./Wilms, H., Deutsch aktiv, Ein Lehrwerk für Erwachsene, Lehrerhandbuch 1, Berlin · München 1980, S. 130

13. ebda. S. 130

14. vgl. Binkley, J.R., Schema Theory and the Reduction of Concept Density for Foreign Language Readers, in: Lesen in der Fremdsprache, Beiträge eines Werkstattgesprächs des Goethe-Instituts New York und des ACTFL New York vom 25. bis 28.9.1979, (Publikation des Goethe-Instituts), München 1981, S. 48
    vgl. Buhlmann, R., Zum gezielten Aufbau von Lesefertigkeit, a.a.O., S. 129

15. Löschmann, M., Übungsmöglichkeiten und Übungen zur Entwicklung des stillen Lesens, a.a.O., S. 27
    vgl. Binkley, J.R., a.a.O., S. 48 - 49

16. Löschmann, M., a.a.O., S. 27

17. Löschmann, M., Was für Texte brauchen wir? in: Deutsch als Fremdsprache, 6, 1970, S. 406
    Löschmann, M., Zum Aufbau eines Übungssystems zur Entwicklung des selbständigen Erschließens unbekannter Wörter, in: Deutsch als Fremdsprache, 2, 1971, S. 93 - 98

18. vgl. Buhlmann, R., Das Lesen von Fachtexten, a.a.O., S. 65
    vgl. Löschmann, M., Übungsmöglichkeiten und Übungen zur Entwicklung des stillen Lesens (1), a.a.O., S. 27 - 29

19 Neuner, G., a.a.O., S. 108

20 Neuner, G., a.a.O., S. 103

21 vgl. Neuner, G., a.a.O., S. 105 f.

22 Neuner, G., a.a.O., S. 106

23 Das Zertifikat 'Deutsch als Fremdsprache', hrsg. vom Deutschen Volkshochschul-Verband e.V. und vom Goethe-Institut zur Pflege deutscher Sprache und Kultur im Ausland e.V., Bonn-Bad Godesberg · München 1977, 2. Aufl., S. 32

24 vgl. Loew, Z.H., Reading in/through the Content Areas: A German Language Model, in: Lesen in der Fremdsprache, Beiträge eines Werkstattgesprächs des Goethe-Instituts New York und des ACTFL New York, (Publikation des Goethe-Instituts), München 1981, S. 206

25 vgl. Binkley, J.R., a.a.O., S. 43
   vgl. Löschmann, M., Übungsmöglichkeiten und Übungen zur Entwicklung des stillen Lesens (2), in: Deutsch als Fremdsprache, 2, 1975, S. 98

26 vgl. Binkley, J.R., a.a.O., S. 48 - 51

27 vgl. Heuer, H., Lesen und Verstehen aus der Texttiefe, in: Lesen in der Fremdsprache, a.a.O., S. 184

28 Löschmann, M., Zum Aufbau eines Übungssystems zur Entwicklung des selbständigen Erschließens unbekannter Wörter, in: Deutsch als Fremdsprache, 2, 1971, S. 93 - 98
   Löschmann, M., Was für Texte brauchen wir? in: Deutsch als Fremdsprache, 6, 1970, S. 406

29 vgl. Anmerkung 18

30 Löschmann, M., Übungsmöglichkeiten und Übungen zur Entwicklung des stillen Lesens (1), a.a.O., S. 27

31 ebda. S. 27

32 ebda. S. 27

33 ebda. S. 27

34 ebda. S. 27

35 ebda. S. 27

36 Buhlmann, R., Zum gezielten Aufbau von Lesefertigkeit, a.a.O., S. 127
   vgl. Löschmann, M., Übungsmöglichkeiten und Übungen zur Entwicklung des stillen Lesens (1), a.a.O., S. 27
   vgl. Hellmich, H., Inhalt und Gestaltung von Lehrbüchern für den Fremdsprachenunterricht, in: Deutsch als Fremdsprache, 2, 1967, S. 140

37 Löschmann, M., Übungsmöglichkeiten und Übungen zur Entwicklung des stillen Lesens (1), a.a.O., S. 28

38 ebda. S. 28

39 ebda. S. 29
   vgl. Buhlmann, R., Zum gezielten Aufbau von Lesefertigkeit, a.a.O., S. 126 - 127

40 Löschmann, Martin und Marianne, Kontrollverfahren und -formen für das stille Lesen, in: Deutsch als Fremdsprache, 4, 1975, S. 216

41 ebda. S. 216

42 ebda. S. 217

43 Buhlmann, R., Das Lesen von Fachtexten, a.a.O., S. 66

44 vgl. Löschmann, M. und M., Kontrollverfahren und -formen für das stille Lesen, a.a.O., S. 217 - 218

45 ebda. S. 219

Deutsche Fragen

Texte zur jüngsten Vergangenheit

Ein Lese- und Arbeitsbuch für den Deutschunterricht
von K.-H. Drochner
unter Mitarbeit von Erika Drochner-Kirchberg

Kurt Tucholsky – Thomas Mann – Adolf Hitler – Kurt von Schroeder – Walter Schönstedt – Gottfried Benn – Bertolt Brecht – Alexander und Margarete Mitscherlich – Axel Eggebrecht – Walter Kempowski – Theodor W. Adorno – Sebastian Haffner – Erich Kästner – Hans Mayer – Alfred Schütze – Golo Mann – Jean Améry – Kurt Gerstein – Karl Jaspers – Klaus Mann – Hermann Kesten – Ze'ev Schul – Peter Weiss – Alfred Döblin – Inge Deutschkron – Die weisse Rose – Max von der Grün – Fiete Schulze – Heinz Küpper – Günter Grass – Horst Krüger – Alfred Kantorowicz – Richard Matthias Müller – Heinrich Böll – Hans Magnus Enzensberger – Kurt Sontheimer – Wilhelm Bleek – Manfred Koch-Hillebrecht – Marlies Menge – Rolf Schneider – Wilhelm Röpke – Konrad Adenauer – Wolfgang Seiffert – Klaus Harpprecht – Martin Walser – Johannes Gross – Gerhard Zwerenz – Hans Christoph Buch

Einführungen in den zeitgeschichtlichen Zusammenhang, Fragen zum Textverständnis, zum Inhalt und zur Sprache erschließen die Texte, die Anlaß zur Diskussion bieten und einen lebendigen Deutschunterricht ermöglichen.
207 Seiten.   Bestellnummer 49460

Langenscheidt

Mir fällt auf…

40 Farbdiapositive als Sprechanlässe.
Von H. Eichheim/B. Helmling-Mazaud/H. Wizemann

Eine Sammlung von 40 Farbdiapositiven, die als Sprechanlässe im Deutschunterricht für Ausländer dienen. Die Dias enthalten interessante Porträts von Personen, Szenen aus dem deutschen Alltag sowie Bilder von Menschen in ungewöhnlichen Situationen.

Zu den Dias gibt es ein Lehrerbegleitheft, das die didaktischen Handreichungen für den Dozenten enthält.

Neben den landeskundlichen Informationen bieten die Dias reichlich Stoff zum Nachdenken, Spekulieren und Diskutieren. Der Lernende soll zu spontanen Äußerungen angeregt werden, die über das jeweilige Bild hinausgehen.

40 Diapositive (84511) mit Begleitheft (84512).

Übungstypologie
zum kommunikativen Deutschunterricht

von Gerhard Neuner, Michael Krüger und Ulrich Grewer

Einführende Beiträge zum Wandel der Prinzipien und Übungsformen in der Fremdsprachenmethodik, zu Übungsabläufen und zu Sozial- und Übungsformen im Fremdsprachenunterricht.

Übungstypologie mit den vier Stufen: Entwicklung und Überprüfung von Verstehensleistungen; Grundlegung der Sprech- und Schreibfertigkeit in Übungsformen mit stark steuerndem, reproduktivem Charakter; Entwicklung der Mitteilungsfähigkeit in Übungsformen mit weniger steuerndem, reproduktiv-produktivem Charakter; freie Äußerung.

Praktischer Teil: Lehrwerkanalyse anhand des Übungsteils; Lehrwerkbearbeitung – Ergänzung und Erweiterung des Übungsangebots; Arbeit mit authentischen Materialien – Unterrichtsplanung: Übungs- und Handlungssequenzen – Erstellung von informellen Leistungstests.

184 Seiten, kartoniert-laminiert (49430).